Bernd Mönkebüscher

Es schmeckt nach mehr

Bernd Mönkebüscher

Es schmeckt nach mehr

In der KIRCHE ist für ALLE Platz!

HERDER

FREIBURG · BASEL · WIEN

© Verlag Herder GmbH, Freiburg im Breisgau 2023
Alle Rechte vorbehalten
www.herder.de

Die Bibelverse wurden, soweit nicht anders angegeben,
folgender Ausgabe entnommen:
Die Bibel. Die Heilige Schrift
des Alten und des Neuen Bundes.
Vollständige deutsche Ausgabe
© Verlag Herder, Freiburg im Breisgau 2005

Umschlaggestaltung: Verlag Herder
Satz: Röser MEDIA GmbH & Co. KG, Karlsruhe
Herstellung: GGP Media GmbH, Pößneck

Printed in Germany

ISBN Print 978–3-451–39501–7
ISBN E-Book (EPUB) 978–3-451–83950–4

Inhalt

Vorwort

Als Kind fand ich die Emmauserzählung furchtbar lang, auch langweilig. Ich dachte immer, dass das Spannende ausgelassen wird, wenn es von Jesus heißt: „Er legte ihnen dar, was in der gesamten Schrift über ihn geschrieben steht." Genau das hätte ich gern gehört; es wird aber nicht berichtet.

Stattdessen bekommt die Trauer der beiden Jünger großen Raum. Sie klagen ihr Leid, benennen ihre Enttäuschung.

Im Lauf der Zeit ist mir diese Erzählung immer wichtiger geworden. Denn das ist doch bis heute so, auch in meinem Leben: Blindheit, kein Durchblick, Wut, Trauer, enttäuschte Hoffnungen und Ratlosigkeit nehmen Raum ein in den alltäglichen Herausforderungen, aber ebenso in meinen Glaubensversuchen, die für mich wie für viele andere auch so stark an die katholische Kirche gebunden sind.

Die Emmausgeschichte sagt mir: Schafft Erzählräume. Geht Wege miteinander, auf denen ihr euch mitteilt, was euch bewegt. Verschließt euch nicht. Geht raus mit euren Gedanken, eurer Enttäuschung, brecht die „Blasen", die „Bubbles" auf, teilt euch auch den „Wildfremden" mit. Denn dann verändert sich was. Es wächst eine neue Gemeinschaft, man ist am dunklen Abend nicht allein, landet am Tisch, isst zusammen, Herzen beginnen zu glühen. Und du merkst: Da ist mehr.

Das ist die Idee dieses Buches: eine Wanderung, Durchgänge durch Erlebtes, durch traurig Stimmendes, aber auch durch bleibende Hoffnung, die ich mit Jesus verbinde. Ich sehe mich nicht als einen der Wegwissenden, die in unseren Zeiten mir nahezu inflationär geworden erscheinen und Lösungsangebote für Kirche und Welt anbieten. Ich sehe mich gar nicht des Weges kundig, eher loslaufend wie die Emmausjünger, die vielleicht neben dem enttäuschten „Bloß weg hier" zwar Emmaus als Ziel hatten, es aber dann doch aufgrund ihres Austausches verändert erreichen und noch veränderter wieder verlassen. Denn das Wesentliche ist unterwegs geschehen: im Aufarbeiten, im Benennen von Enttäuschung, im nicht mehr weiter Wissen. Wo unsere Kirche nicht von Grund auf aufarbeitet, was an Unrecht, an Verletzung, an Lebensraubendem geschehen ist, institutionell und bei Einzelnen, wo es nicht benannt und eingestanden wird, wird – davon bin ich überzeugt – die Begegnung mit dem auferstandenen Christus nicht stattfinden. Das Aufarbeiten, das Nachgehen, das miteinander Reden wird zur Voraussetzung der Ostererfahrung der Emmausjünger und zur Ostererfahrung der Kirche.

Sie als Lesende, als „Wildfremde" gehen in diesem Buch mit mir, ich rede einfach drauflos, schreibe, was mir als Mensch, der meint, von Jesus etwas gehört zu haben, was mir als Priester, der in einer Institution arbeitet, die für sich in Anspruch nimmt, sich Jesus verschrieben zu haben, durch den Kopf geht, was mich beschäftigt, fragen lässt, mutlos macht.

Es wird um manche Themen gehen, persönliche und kirchenpolitische, es wird um die Abhängigkeit von (zölibatären) Männern in der Kirche gehen und um das, was wir eigentlich unter Eucharistie verstehen. Insbesondere die Coronazeit hat die Frage nach der Eucharistie vertieft aufgeworfen: In den Wochen, in denen Gottesdienste nicht öffentlich gefeiert wurden, beantworteten die einen die Herausforderung mit Privatmessen, die sie „für" andere feierten; die anderen solidarisierten sich mit

eucharistischem Fasten; wieder andere deuteten die Zusammen-
künfte im Geist Jesu in den Hausgemeinschaften und kleinen
Zusammenkünften als eucharistische Gemeinschaft.

Wohin geht „die Reise"? Was wird bei den Lesenden in Bewegung kommen oder zum Einspruch reizen? Wie nehme ich
die hier festgehaltenen und mitgeteilten Gedanken in einigen
Jahren vielleicht auf?

Die Jünger hatten am „ersten Tag der Woche" Emmaus als
ihr Ziel, aber was sich auf dem Weg ereignen würde, konnten sie
nicht ahnen … So ist es, wenn Menschen auf dem Weg sind.

Die Emmausgeschichte

„Am gleichen Tag gingen zwei von den Jüngern nach einem Dorf namens Emmaus, das sechzig Stadien von Jerusalem entfernt ist. Sie sprachen miteinander über alles das, was sich zugetragen hatte. Während sie miteinander sprachen und überlegten, kam Jesus hinzu und ging mit ihnen. Ihre Augen aber waren gehalten, dass sie ihn nicht erkannten. Er fragte sie: Was sind das für Reden, die ihr da auf dem Weg miteinander führt? Da blieben sie traurig stehen. Einer von ihnen namens Kleopas antwortete ihm: Bist du der Einzige in Jerusalem, der nicht weiß, was in diesen Tagen dort geschehen ist? Er fragte sie: Was denn? Sie antworteten ihm: Das mit Jesus von Nazaret, der ein Prophet war, mächtig in Tat und Wort vor Gott und dem ganzen Volk, und wie ihn unsere Hohenpriester und Führer zur Todesstrafe verurteilt und ihn gekreuzigt haben. Wir aber hofften, dass er es sei, der Israel erlösen werde. Und nun ist zu alldem heute schon der dritte Tag, seit dies geschehen ist. Aber auch einige Frauen aus unserem Kreis haben uns in Bestürzung versetzt. Vor Tagesanbruch waren sie beim Grab und fanden seinen Leichnam nicht; sie kamen und erzählten, sie hätten eine Erscheinung von Engeln gehabt, die sagten, er lebe. Dann gingen einige von uns zum Grab und fanden es so, wie die Frauen gesagt hatten; ihn selbst aber haben sie nicht gesehen. Da sagte er zu ihnen: Ihr Unverständigen, wie träge ist euer Herz, an alles das zu glauben, was die Propheten gesagt haben! Musste nicht der Messias alles dies erleiden und so in seine Herrlichkeit gelangen? Und er begann, ihnen mit Mose und allen Propheten auszulegen, was sich in der ganzen Schrift auf ihn bezieht. Als sie sich dem Dorf näherten, zu dem sie unterwegs waren, tat er, als wolle er weitergehen. Da drängten sie ihn und sagten: Bleibe bei uns; denn es will Abend werden und der Tag hat sich schon geneigt. Da ging er mit hinein, um bei ihnen zu bleiben. Und als er sich mit ihnen zu Tisch gelegt hatte, nahm er das Brot, sprach das Dankgebet, brach und gab es ihnen. Da wurden ihnen die Augen aufgetan und sie erkannten ihn; er aber entschwand ihren Blicken. Da sagten sie zueinander: Brannte uns nicht das Herz in der Brust, als er auf dem Weg mit uns redete und uns die Schriften erschloss? Noch in derselben Stunde brachen sie auf und kehrten nach Jerusalem zurück. Dort fanden sie die Elf und ihre Gefährten versammelt, die sagten: Wahrhaftig, der Herr ist auferweckt worden und dem Simon erschienen! Da erzählten auch sie, was auf dem Weg geschehen war und wie sie ihn beim Brotbrechen erkannt hatten."

(Lk 24, 13–35 in der Herder-Übersetzung der Bibel von 2005)

Auf-Bruch:
kein Halt(en) mehr

„… alles das, was sich zugetragen hatte."

Erster Tag

„Am gleichen Tag waren zwei von den Jüngern auf dem Weg in ein Dorf namens Emmaus." Wir wissen, es ist der erste Tag der Woche.

Was macht den Tag zum ersten? Natürlich die Zählweise. Aber diese Erklärung würde dem Niveau biblischer Erzählungen nicht gerecht. Der erste Tag steht für Beginn, für Anfang, und ihm folgen weitere Tage. Nichts ist fertig, nichts ist abgeschlossen, nichts ist vollendet. Im Gegenteil: Es fängt neu an.

Das ist schon eine echte Herausforderung, an die völligen Neuanfänge zu glauben, an Tage, die das Blatt wenden, die alles anders werden lassen, und die deshalb erste Tage sind.

Viele trauen das der Kirche nicht mehr zu, dass es mit ihr erste Tage gibt, eine Zukunft – und nicht: Der Letzte macht das Licht aus.

Mir geht es nicht viel anders. Ich spüre das Leben im „Noch" hautnah. Noch haben wir zwei Priester für eine Seelsorgeeinheit, noch haben wir 5 Kirchen, noch haben wir eine Zahl X an Gottesdienstbesuchern, noch haben wir … Nichts klingt da nach einem ersten Tag. Kein Anfang, kein Aufbruch, sondern Zusammenbruch und nahendes Ende. Man kann förmlich zusehen.

Das tut weh. Es macht Angst. Wer keine Zukunft mehr sieht, kann nur noch abschließen.

Vielleicht sollten wir das endlich tun. Abschließen. Hinter uns lassen. So wie die Jünger Jerusalem hinter sich lassen, den Ort, in dem ihnen ihr Halt entrissen und brutal niedergemacht wurde.

Aber wie schwer tun wir uns damit. Denn da ist ja (noch) das eben erwähnte „Noch". Bei allem Reden in der Kirche von Prioritäten und Posterioritäten, von Abschied nehmen – kommt

17

es hart auf hart (und diese Situation ist die unsrige) –, dann heißt es: Das eine tun, ohne das andere zu lassen.

Die Jünger auf ihrem Weg nach Emmaus haben das eine getan und das andere gelassen. Sie haben die Elf zurückgelassen und den Ort, der für sie voll Trauer ist. Sie sind losgegangen. Da, wo sie waren, konnte es für sie so nicht weitergehen.

„So kann es nicht weitergehen", sagen mittlerweile auch Verantwortliche in den Kirchen. Es muss sich etwas verändern. Ich glaube, es muss sich nicht nur etwas verändern. Wir brauchen einen ersten Tag, einen Neuanfang. Nicht umsonst haben nicht nur wenige Zweifel daran, sondern halten es nicht für möglich, dass mit den Bischöfen, die jetzt scheibchenweise Scham bekunden ob der Missbrauchsverbrechen und deren Vertuschung in den Kirchen, ein erster Tag beginnen kann. Können die, die für das „alte System" Kirche stehen, jetzt völlig neu anfangen? Können die, die bis vor kurzem queeren Menschen etwa im Fall einer offenkundig gewordenen Partnerschaft die Kündigung ausgesprochen haben, jetzt glaubhaft sagen: Ihr seid uns willkommen?

Ich frage mich selbst das Gleiche: Habe ich noch die Energie zu einem Aufbruch in einen ersten Tag? Oder ist es mir lieber, die Woche, deren Mitte überschritten ist, läuft nur noch aus?

Ich erinnere mich an einen meiner Anfänge. Die erste Eucharistie, die ich geleitet habe, die Primizmesse. Ich habe mir die Stelle als Bibeltext gewünscht, die von Elija erzählt, der in die Wüste hineinzieht, sich unter einem Ginsterstrauch niedersetzt und sich den Tod wünscht. Wie sehr mich diese Geschichte weiterhin begleiten würde, ahnte ich damals nicht.

Ist das prinzipiell schlecht, aufgeben zu wollen? Besiegelt Aufgeben zugleich Versagen und Feigheit, oder ist es eher die

Erzählung vom Erschöpftsein, von wahrgenommener Nieder-
lage und von großer Müdigkeit?

Zum Glück hat es immer wieder Menschen gegeben, die an-
rühren (die Bibel nennt sie Engel), und einen Krug mit Wasser und
Brot. Aber vermutlich hätte ich aus diesem Krug nicht getrunken,
wäre da nicht die vorausgehende Müdigkeit gewesen. Solche Geschichten sind zwar einmalig, aber man erlebt sie immer wieder.

Erste Tage zählen wir darum nicht für eine ganze Ewigkeit,
sondern genau genommen jede Woche. Hinter sich lassen, ver-
abschieden; nicht korrigieren, nicht ausbessern, nicht ergänzen,
nicht fortschreiben. Ein neues Kapitel aufschlagen, auch wenn
wir das Vergangene mitnehmen, es nicht nur in Jerusalem veror-
ten, denn es ist ja auch in uns. Bis es aus uns heraus ist, der Tag
wirklich zum ersten wird, ist es ein Weg.

Hinter sich lassen

Ich bin jetzt über 30 Jahre Priester. Spätestens seit den Freise-
mestern, also seit 1988, stelle ich mir jeden Tag mehrfach die
Frage: (Damals: „Ist es richtig?" Heute:) „War das richtig, diesen
Weg zu gehen?"

Weil in diesen Zusammenhängen gern von Liebe (zu Gott,
zu den Menschen, zur Kirche, zum Beruf) geredet wird: Eine
solche Unsicherheitsfrage habe ich mir bislang in keiner einzigen Freundschaft oder Bekanntschaft gestellt – im Gegenteil,
da ist Klarheit.

In den letzten Jahren kam mir häufiger der Gedanke: Ja, ich
wäre gern Vater geworden (wie auch immer), ich hätte mich
gern anders eingebracht in den kirchlichen Fragen. Leiden-
schaftlicher. Positionierter. Streitbarer.

Mit all dem, was ich heute weiß und fühle und glaube, würde ich einen anderen Weg gehen. Das heißt nicht, dass mir viele meiner Arbeiten nicht Sinn geben und ich sie nicht als sinnvoll erachte; das heißt nicht, dass ich es nicht bereichernd empfinde, mit Glaubensgeschwistern Glauben, Hoffnung und Liebe zu teilen. Aber das große Koordinatensystem hält mich nicht und hat mich nie gehalten, und ich erlebe es gegenüber Frauen und queeren Menschen nach wie vor als zutiefst demütigend und verletzend, weil jedes „Zugeständnis" wie ein vom Tisch gefallener Brotkrumen wirkt; das, was abfällt, tut niemandem weh und wird von den Herren am Tisch als großes Geschenk verkauft und gnädig zugewiesen.

Mittlerweile stelle ich mir die Frage, die viele hinsichtlich eines Kirchenaustritts beschäftigt: Kann ich es mit meinem Glauben vereinbaren, weiter dabei zu sein? Es gibt nicht wenige Austritte *aufgrund* des Glaubens …

Diese Unsicherheitsfrage quält mich. Lange habe ich gedacht und mir einreden lassen, dass dies mein Problem sei und dass ein bisschen geistliche Begleitung Antwort geben kann. Mittlerweile bin ich überzeugt, dass das Problem nicht in mir seine Ursache hat.

In der Synodalversammlung wurde am 05.02.2022 mehrfach eine Abwehrhaltung eingenommen gegenüber einem Paradigmenwechsel (in der kirchlichen Sexualmoral). Es braucht diesen Paradigmenwechsel in allem – mir fällt kein besseres Wort ein als das vom „Lehramt der Betroffenen", was für mein Empfinden die Praxis Jesu ist, das den Ton angeben muss, die Richtung und den Maßstab.

Genau diese Praxis Jesu hat mich vor Jahrzehnten gelockt, ich meinte sie wahrzunehmen in der Kirche, wie ich sie erlebte.

Davon wollte ich mehr, ich wollte dazugehören, und ich sog viele Worte und Gebete auf.

Es war 1985, als ich mit dem Theologiestudium begann. Das *Gotteslob* als Nachfolgegesangbuch des *Sursum Corda* war schon einige Jahre eingeführt, dennoch kannte ich noch nicht alle neuen Lieder darin. Als ich zum ersten Mal hörte, wie in der Konviktskapelle das Lied *Eine große Stadt ersteht* gesungen wurde, lief es mir kalt über den Rücken. Das ist es – dachte ich. Ich bin auf dem richtigen Weg.

Das Lied mit der darin verdichteten Verheißung oder Vision hat für mich an Bedeutung nichts verloren, aber die Sicherheit des Weges ist längst dahin. Je mehr ich „Kirche" kennenlerne, Entscheidungsabläufe, Intransparenz, Karrieredenken, Unehrlichkeit, Selbstschutz, Machtmissbrauch auch im geistlichen Sinn, Schubladendenken, Zelebration der eigenen Eitelkeiten, in Kauf genommene Verletzungen, umso weniger finde ich die Praxis Jesu in ihr. Und ich merke, wie ich selbst Teil von Kirche geworden bin und mich frage, wie ich die Worte Jesu lebe oder eben nicht lebe.

Eine bestimmte „Form von Kirche" muss ich verlassen, sie ist hässlich und hat mit Jesus nichts zu tun. Ich halte diese Form für nicht reformierbar, aber ich befürchte auch, dass diese Form so schnell nicht sterben wird, wenn sie überhaupt stirbt. (Vornehmlich Vertreter dieser Form von Kirche zitieren ja gern das Wort Jesu, das er zu Petrus spricht, wenn er ihn den Fels nennt, auf dem die Kirche gebaut ist, eine Kirche, die die Mächte der Unterwelt nicht überwältigen werden. Aber ist diese Form von Kirche das Werk Jesu? Nein!)

Es fällt mir schwer, sie zu entmachten, sie einfach zurückzulassen, wie die Israeliten Ägypten hinter sich ließen auf dem

Weg in die Freiheit, ins Gelobte Land, in „die große Stadt", wie Silja Walter in dem erwähnten Lied formuliert. Ich frage mich, wie ich dieser Form von Kirche noch Futter gebe, sie bediene und sie so mit aufrechterhalte, und merke gleichzeitig, wie groß die Sehnsucht geblieben ist nach dieser anderen Kirche, die viel stärker vom Geist Jesu geprägt ist und immer noch von nicht wenigen Menschen gesucht und gebraucht wird.

Druck

Mit meinem Beruf verbinde ich manches, aber mit den Jahren vor allem eins: immer mehr Druck. Kaum eine Sitzung, kaum ein Treffen, gleichgültig ob mit Haupt- oder Ehrenamtlichen, in denen nicht Fragen wie diese diskutiert werden: Was können wir machen, damit Kirche wieder besser dasteht, die Gottesdienste wieder stärker belebt sind, mehr Freude am Glauben wächst, junge Menschen sich stärker angesprochen fühlen?

Abgesehen davon, dass ich mich frage, ob dieses „Machen" nicht eigentlich der Ruf nach Macht und Beeinflussen, mindestens aber nach eigener Bestätigung ist, höre ich unausgesprochen: Wenn du, Pastor, deine Arbeit gut machst, geht es bergauf. Die Erstkommunion muss ein Erlebnis werden, die Trauung ein Event, die Taufe locker und die Beerdigung einfühlsam. Das Kommen und Gehen von Menschen hängt von dir ab, von deiner Kommunikation, von deinem Esprit. Wenn nach Erstkommunion und Firmung die Kinder und Jugendlichen nicht bleiben, ist es dein Versagen, dann hast du es nicht richtig gemacht, nicht alles gegeben.

Bringt das Wort des hl. Ignatius von Loyola wirklich Entlastung: „Handle so, als ob alles von dir, nichts von Gott abhinge.

Vertraue so auf Gott, als ob alles von Gott, nichts von dir abhinge"?

Mir ehrlich gesagt nicht. Denn so handeln, als hinge alles von mir ab, macht mir vor jeder Predigt Druck, vor jeder der Sitzungen, in denen es um Gegenwart und Zukunft von Kirche geht, vor Trauerfeiern, in denen ich Trost schenken und menschlich nahe sein möchte. Die meisten Fortbildungen packen weitere Lasten auf; immer neue Hochglanzbroschüren mit Konzepten und Schreibtischideen von Menschen, die schon lange nicht mehr oder gar nicht in der Pastoral sind, bringt die Post ins Haus oder werden digital übermittelt. Weniger Geld und weniger Menschen, die sich in Kirche beheimatet fühlen, muss zur Aufgabe von Gebäuden und Kirchen führen, während gleichzeitig die Verwaltungsgebäude in den Bistumsstädten und die in ihnen arbeitenden Menschen zahlenmäßig wachsen und wachsen und den Pastoralteams sagen, wie es zu gehen hat. Und wenn Menschen nicht mitgehen, dann hast du es ihnen nicht richtig erklärt.

Der Run auf Ideen, wie sich Menschen heute neu bewegen lassen, macht Druck; die Schwierigkeit, den Glauben selbst zur Sprache zu bringen, nicht weniger. Gottesdienste sollen ansprechend sein und gleichzeitig werde ich durch das Messbuch an Formulierungen gebunden, die vielen und mir auch nichts mehr sagen. Formuliere ich etwas um, sitzt mir im Nacken, ob es dann wirklich besser ist oder ob ich zu sehr mein Eigenes hineinbringe. Formuliere ich nicht um, frage ich mich, ob ich mich so aus der Verantwortung stehlen will, zeitgemäß Liturgie zu feiern, und Chancen verstreichen lasse.

Vierundzwanzig Stunden am Tag kreisen die Gedanken, denn Priester ist man ja immer …, außer beim Schlafen natürlich. Aber da holen mich Alpträume ein: Ich träume davon, die Kommunion auszuteilen und die Schale ist leer. Ich tue so, als ob ich die Hostie in der Hand halte – und keiner merkt es. Ich schwitze im Traum „Blut und Wasser".

Vierundzwanzig Stunden: Arbeite ich auch wirklich genug? Den und die könntest du noch besuchen. Warum schreibst du an Texten und machst stattdessen nicht mehr Hausbesuche? Warum gehst du jetzt essen und sitzt da einfach so?

Ich erinnere mich noch gut daran, wie der Spiritual im Konvikt vor sogenanntem „Müßiggang" warnte. Wenn da ein freies Zeitfenster am Tag sei, sollten wir es sogleich nutzen, einen Hausbesuch machen oder sonst was. Ja nicht zur Ruhe, ja nicht zu sich selbst kommen.

Als vor mehr als 30 Jahren Eugen Drewermann ein Buch über die Priester schrieb, nannte er es *Kleriker – Psychogramm eines Ideals*. Damals leuchtete mir noch nicht so ein, wie treffend dieser Titel gewählt ist. Das Ideal, radikal ernst genommen, lässt keine ruhige Minute und macht krank.

Zufällig höre ich mit diesen Gedanken im Kopf im Autoradio zwischen zwei Gottesdiensten am Pfingstmontag 2022 eine Predigt von Präses Annette Kurschus (seit 2021 Vorsitzende des Rates der Evangelischen Kirche in Deutschland), ausgehend vom 11. Kapitel des 4. Buches Mose. Erzählt wird, wie das Volk murrt auf dem Weg ins Gelobte Land und sich nach den „Fleischtöpfen Ägyptens" zurücksehnt.

„Wir denken an die Fische, die wir in Ägypten umsonst zu essen bekamen, an die Gurken und Melonen, an den Lauch, an die Zwiebeln und an den Knoblauch. Jetzt aber vertrocknet uns die Kehle, nichts ist mehr da, nichts als Manna bekommen wir zu sehen", heißt es.

Und Mose sagte Gott, weil er die Last des Volkes nicht mehr erträgt: „War ich es denn, der dieses ganze Volk im Schoß trug, oder war ich es, der es gebar, dass du zu mir sagen könntest: Trag es an deiner Brust, wie die Amme den Säugling trägt, in das Land, das du seinen Vätern versprochen hast? Woher soll ich Fleisch nehmen, um es diesem ganzen Volk zu geben? Sie jammern mir ja vor: Gib uns doch Fleisch zu essen! Allein bin ich nicht imstande, die Last des ganzen Volkes zu tragen; denn sie ist zu schwer für mich. Wenn du weiterhin so mit mir umgehen willst, dann töte mich lieber gleich ... Da sprach der Herr zu Mose: Hol mir siebzig Männer aus den Ältesten Israels zusammen, von denen du weißt, dass sie wirklich Älteste und Leiter des Volkes sind. ... ich werde von dem Geist, der auf dir ruht, nehmen und auf sie legen, damit sie mit dir an der Last des Volkes tragen und du sie nicht mehr allein tragen musst."

Vieles rückwärtsgewandte Murren in der Kirche übersieht, dass das Leben, auf das wehmütig zurückgeschaut wird, ein Leben in Unfreiheit und Angst war. Der Pfarrer hatte das Sagen, ob sonntags die Bauern aufs Feld durften. Der Pfarrer bestach die Jungen und dann auch die Mädchen mit Pizza, dass sie den Ministrantendienst möglichst lange versahen, und machte ihnen so ein schlechtes Gewissen, wenn sie nicht mehr wollten. Und noch früher: Der Beichtvater fragte im Beichtstuhl nach, wann denn endlich das erste, zweite oder dritte Kind käme ... Aber die Prozessionen waren groß, die Kirchen voll und das „Haus voll Glorie" wurde geschmettert. Ist das das „Gelobte Land" oder sind es die „Fleischtöpfe Ägyptens"? Beides gleichzeitig geht nicht. Nie gibt es einen Weg zurück, keine Vergangenheit war so, wie sie in der Verklärung erscheint.

Mose hat die Nase voll. Er kann und will nicht mehr. Das Maulen und die Rückwärtsgewandtheit überfordern ihn. Für ihn ist es nicht mehr auszuhalten. Lieber will er sterben. Soll Gott (den er hier übrigens ganz selbstverständlich mit weiblichen Zügen (schwanger, Geburt, Amme) in Verbindung bringt) selbst sehen, denkt er sich. So geht es und so geht er, Mose, nicht weiter. Schluss.

Und Gott macht in der biblischen Erzählung das, was er vermutlich auch heute tut, was aber die Kirche nicht sieht und wahrhaben will: Er nimmt den Geist von einzelnen und verteilt ihn. Müßig die Frage, ob Mose deswegen weniger Geist hat als zuvor; aber nicht müßig die Frage, warum diese Lösung heute so weit entfernt erscheint, nämlich die Annahme, dass derselbe Geist in vielen Menschen ist, die wie Mose leiten können, Frauen und Männer, und dass Gott sie offensichtlich will, aber auch das Eingeständnis, dass die Zeit der einsamen Entscheider und Verantwortlichen längst schon der Vergangenheit angehört.

Lernt Gott in diesen Erzählungen oder sind es die Menschen, denen diese Geschichten erzählt werden, die lernen sollen?

Wie viele Frauen und Männer gäbe es immer noch, die zusammen die Last tragen könnten? Und anders gefragt: Wann sagen die immer weniger werdenden „Leitgestalten" in der Kirche: So geht es nicht weiter?

Scham und mehr

Gedämpft. Traurig. Bleiern.

Ich möchte die Sakristei nicht verlassen. Und bin froh wieder in ihr zu verschwinden. Ich möchte nur schweigen. Weinen.

Jedes Wort kostet mich unheimliche Kraft. Das Gewand hängt schwer. Am liebsten will ich es nicht anlegen. Diese Kirchenkleidung. Ein Organist sagt: „Ich schäme mich. Wirklich. Ich schäme mich."

Im großen Hochgebet klafft ein Loch. Ich kann nicht für Papst und Bischöfe beten. Es will mir nicht über die Lippen. Es geht nicht. Diese in jeder Messe ins Gebet genommenen, die es „aus Versehen" mit der Wahrheit nicht so genau nehmen, die Priester von jetzt auf gleich suspendiert haben, wenn sie zu ihrer Partnerin, zu ihrem Partner standen, zugleich aber Machtmissbrauch und sexualisierte Gewalt vertuscht haben – sie machen einfach weiter, hoffen, dass man ihnen keine Fehler nachweisen kann. Und wenn doch? Kaum Konsequenzen. Niemand redet offen über priesterliche Lebensformen. Über Zölibatsschwierigkeiten und Ersatzbefriedigungen, über die missbräuchliche Macht. Die Angst vor Frauen. Über das Männerbündnische, das Sich-gegenseitig-Schützen, vielleicht In-der-Hand-Haben und Zum-Schweigen-Bringen.

Nein. Jetzt kommen andere ins Gebet, in die Mitte: die tausendmal Getretenen, die Missbrauchten, die von der kirchlichen Macht Erdrückten, die für ihr Leben Gezeichneten.

Mir fällt es schwer, Lieder auszuwählen. Was geht überhaupt noch? „Herr, Du bist mein Leben, Herr, Du bist mein Weg. Du bist meine Wahrheit, die mich leben lässt. Du rufst mich beim Namen, sprichst zu mir Dein Wort, und ich gehe Deinen Weg, solange Du es willst. Mit Dir hab ich keine Angst, gib Du mir die Hand und ich bitte, bleib doch bei mir." Unser Glaubensbekenntnis heute. Ich höre die anderen singen. Das gibt mir Kraft. Und gleichzeitig höre ich einen, der jahrzehntelang engagiert war, der mir in dieser Woche sagte: Wenn es heißt, „ich glaube an die heilige katholische Kirche", schweige ich. Schon lange. Das bete ich nicht mit.

„Du bist mein Leben". Hält dieser Glaube? Oder reißt ihn das Vertuschen des Vertuschens in den Abgrund? Geht das, Kirche in der Kirche sein? Es ignorieren, das „eigene Ding drehen"?

Bei uns sind alle herzlich willkommen: auch die, die aus der Kirche ausgetreten sind, um sich selbst zu bewahren und ihren Glauben zu schützen, die queeren allemal, die schrägen, die nach einer zerbrochenen Ehe neu verliebten und vermählten Menschen. Alle. Selbstverständlich auch zur Kommunion. Niemand fragt! Im Gegenteil: Kommt. Das stärkt. Das bindet mich. Der Papst nicht! Der Bischof nicht!

Dazugehörig fühlte ich mich nie ganz. Als schwuler Mann nur geduldet, sich versteckend, genau wissend, was die kirchliche Lehre sagt: Widernatürlich. In sich gestört. Auch deswegen konnte ich nie Priesterkleidung tragen, werde es nie. Meine Zugehörigkeit zur Kirche ist nicht ganz. Sie ist gebrochen. Zumindest ab dem Augenblick, wo mir klar war, wie und wer ich bin und dass es für mich kein vorbehaltloses Ja gibt seitens dieser Amtskirche.

Wie lange kann man den Glauben an Gott und das In-der-Kirche-Sein zusammenhalten? Wann geht es nicht mehr? Im Moment hält mich der Beruf in der Kirche, der Glaube nicht. Mein Glaube ringt eher, kämpft. Ich muss ihn schützen gegen das Gerede, gegen die Absichtserklärungen, die schon jahrelang zu hören sind, gegen das Vertrösten, gegen das „es braucht Zeit", „das geht so schnell nicht". Ja, und Menschen halten mich, die ebenso fragen, denen es die Sprache verschlägt.

„Ein Funke aus Stein geschlagen ... die Kraft zum neuen Beginn" ... Ich beobachte eine Frau bei diesem Lied. Sie geht ganz darin auf. Ihr ganzer Körper, sie selbst wird zum Lied. Meine Augen werden feucht. Was für ein Glaubenszeugnis. Ich kann es im Moment nicht geben.

Diese Kirche braucht eine Auszeit. Nicht zum Schweigen, aber zum Klagen. Zum Schreien. Zum Wutrauslassen. Zum Ehrlichwerden. Zum Hinschauen. Zum Aufarbeiten. Das Schweigen kommt noch lange nicht.

Ich kann die bischöflichen Worte nicht gut annehmen, ich kann sie gar nicht annehmen. Mir erscheinen sie von den Medien abgetrotzt. Wären die Kirchenaustritte nicht so bedrohlich, blieben die Medien nicht am Ball: Die klerikale Macht regierte ungebrochen weiter. Wäre es nicht an der Zeit, die Bischöfe sprächen als die Oberhirten mit jedem Priester, mit jeder Gemeindereferentin, jedem Gemeindereferenten: persönlich, interessiert, zuhörend? Nicht wie bei der Visitation: Hast du dein Testament schon gemacht? Nimmst du jährliche Exerzitien? Wie hältst du es mit dem Brevier? Sondern in einem angstfreien Gespräch: Wie lebst du? Wie geht es dir wirklich? Was fühlt deine Seele? Wonach „schmachtet dein Leib" (wie es im Psalm 63 heißt)?

Ich habe in den über 30 Jahren den Eindruck gewonnen, dass man nicht hören will, nicht hören kann. Lieber selber reden. Und eine Atmosphäre schaffen, in der ehrliche Worte nicht möglich sind. *#OutInChurch* eben nicht! Und vieles andere nicht. Wegsehen. Nicht wissen wollen.

Bei euch soll es nicht so sein – sagt Jesus. Es ist aber so!

Gedämpft. Traurig. Bleiern. Und müde!

Tief eingeschwärzt

Zurück erarbeiten. Neu entdecken. Ich weiß nicht, wie ich es nennen soll.

Alles erscheint mir überschattet und verdunkelt. Jedes Lied im Gesangbuch klingt anders. Die Missbrauchsverbrechen, der offenbar werdende Schutz der Täter und das Übersehen der Opfer, die Ausreden von Bischöfen und ihr Verantwortungabschieben haben alles dumpf gemacht. Es ist, als wäre ein vor langer Zeit einmal farbig gewesenes Bild tief eingeschwärzt. Es strahlt nicht mehr; ihm droht, entsorgt zu werden. Eine Kirche, die den Anspruch hat, die Spuren Gottes in der Welt entdecken zu helfen, hat diese Spuren verwischt und zerstört.

Fast drei Wochen nach dem Start der Kampagne *#OutIn-Church* wandte sich Bischof Oster aus Passau an die pastoralen Mitarbeitenden im Bistum und beteuerte, dass niemand wegen seiner sexuellen Orientierung im Bistum in Angst leben müsse. Er lud ein, mit ihm das Gespräch zu suchen. Man würde eine Lösung finden. Ausgerechnet diejenigen wollen eine Lösung anbieten, die diese Angst bis dahin nicht benannt und vermutlich nicht erkannt, sondern sie hervorgerufen haben. Dass das Vertrauen in die Bischöfe vielfach völlig verloren gegangen ist, scheint nicht nur bei ihm immer noch nicht angekommen zu sein – auch nicht, dass niemand mehr aufgrund „bischöflicher Gnade" arbeiten möchte, sondern auf der Basis von Menschenrechten und dem Ausbleiben jedweder Diskriminierung.

So sehr ich mir sage, der Gott Israels, der Vater Jesu ist unendlich größer und weiter, als ihn die Kirche verkündet, so sehr bin ich in Versuchung, dass mir dieser Glaube verloren geht. Die „bestellten", die geweihten, also von Gott berufenen

Mitarbeiter sollen diejenigen sein, die mit Blick auf ihre eigene Karriere immer geschickter darin werden, sich in Halbwahrheiten auszudrücken, die eigene Zunft sauber erscheinen zu lassen; diejenigen, die Frauen eine Berufung zum Priesteramt absprechen und ernsthaft glauben, die Ehe zu schützen, indem diese gleichgeschlechtlich Liebenden verwehrt wird? Und das alles im Sinne von und in Berufung auf Gott, der in Jesus mit den Gleichnissen von den Talenten flehentlich darum bittet, dass Menschen das ihnen Anvertraute schätzen, leben und entfalten?

Wie wenige hierzulande eine solche Kirche ernsthaft noch aufsuchen oder brauchen, macht die hohe Zahl der Kirchenaustritte überdeutlich.

Der Kirche zum Trotz glauben, fällt mir schwer. In fast jedem Gespräch die Notlösung aufzeigen und sagen: „Rom ist weit weg und der Bischof ebenso", weist eigentlich eher auf Not als auf Lösung hin.

Mir kommen die Gleichnisse der Bibel in den Sinn, in denen Jesus mit den Vertretern der Religion seiner Zeit hart ins Gericht geht. Das Gleichnis vom barmherzigen Samariter schildert Priester und Leviten so, dass sie zwar Not sehen, aber daran vorbeigehen, es rührt sie nicht, sie lassen sich ihren Alltag nicht unterbrechen. Sie gehen weiter. Sie machen weiter. Ausgerechnet ein Samariter tut in den Augen Jesu das Richtige.

Dieses Gleichnis wie manch andere auch bedarf eigentlich gar keiner Auslegung. Es hat eine derartige Wucht, dass ich mich beim Lesen frage: Verharmlost am Ende eine Predigt den Anspruch Jesu?

Und wäre so eine Auslegung nicht verharmlosend, traute ich mich, sie sonntags im Gottesdienst anzubieten oder einzubringen?

Jesus sagt im Gleichnis vom barmherzigen Samariter den Frommen seiner Zeit, hier dem Gesetzeslehrer, ins Gesicht, dass einer, der das Gesetz nicht kennt, der Samariter, es nicht nur eher erfüllt, sondern dass er es überhaupt erst erfüllt, im Gegensatz zum Priester und Leviten.

Das ist ein vernichtendes Urteil über den Priester und Leviten und damit über eine Form von Frömmigkeit, die zwar die Realität sieht, aber das eigene Handeln davon nicht bestimmen lässt. Ich erlebe vielfach Kirche so, dass sie beginnt, Realitäten zu sehen, aber immer noch mehr bemüht ist, sich selbst aufzuführen, sich selbst zu zitieren, anstatt ihr Handeln von den gesehenen Realitäten ausgehen zu lassen. („Lehramt der Betroffenen" brachte es in einer Auseinandersetzung zwischen Bischof Voderholzer und Bischof Overbeck auf der 2. Synodalversammlung als Formulierung auf den Punkt – aber wie weit sind wir davon entfernt …)

Im Originaltext steht das Ganze noch viel drastischer, und ich frage mich, warum es in die neue Einheitsübersetzung nicht so hineingenommen wurde: Priester und Levit gehen sehend in großem Bogen vorüber – heißt es. Sie wollen erst gar nicht angesprochen werden von dem Verletzten, sie wollen sich nicht erden lassen und herabbeugen.

Der Samariter, der hingeht zu dem Verletzten, steht dem – um den Verletzten einen großen Bogen machenden – Priester und Leviten gegenüber.

Ich lese darin eine Beschreibung, eine Frage, eine Herausforderung, der sich Christen, der sich Kirche zu allen Zeiten stellen muss: Verbleibe ich in meinem gewohnten Trott, vermutlich in bester Absicht, absolviere mein Programm, meinen Dienst, meine Arbeit, das, was ich für „Gottesdienst" halte, und tue es in einer Weise, die Verletzte, die Hilfsbedürftige links liegen oder erst gar nicht zu Wort kommen lässt? Ist vielleicht sogar das Programm selbst von der Art, dass es um viele Themen und Wirklichkeiten große Bögen machen lässt?

In diesen Zeiten der Aufarbeitung von Missbrauchsfällen wirkt dieses Gleichnis wie eine Realitätsbeschreibung angesichts all jener Verantwortlichen, die sich und die Institution schützen wollten und darum einen großen Bogen um die Opfer gemacht haben, sie nicht angehört oder ihnen nicht geglaubt haben, denen die „eigene Zunft" wichtiger war (immer noch ist?).

Der große Bogen wird nach wie vor von der Amtskirche etwa um Transmenschen gemacht, die es laut kirchlicher Definition in einem binären Menschenbild erst gar nicht gibt; er wird um alle „heißen Eisen"-Themen in den Kirchen gemacht, in denen Amtsträger schon im Vorfeld signalisieren, worüber man mit ihnen reden kann und worüber nicht, was sie gedenken, an sich heranzulassen und was nicht (Wem wirst du zum Nächsten – ist die Intention Jesu, also aktives Tun und nicht passives Abwarten), worauf sie zu reagieren bereit sind und worauf nicht. Dafür sorgen ausgesendete Signale, dafür sorgt der Auftritt, dafür sorgt die Art der Reaktion bei noch harmloseren Themen.

Ist das nicht hart? Ausübende vermeintlich frommer Berufe haben gern das Jenseits und einen Gott im Himmel im Sinn, beten für die Leidenden dieser Welt in geschützten und sicheren Räumen, aber machen einen großen Bogen um sie herum?

Ich mach es persönlich: Seit ich mich an diese Geschichte vom barmherzigen Samariter erinnern kann, bleibe ich bei dem überfallenen, ausgeplünderten, niedergeschlagenen Mann hängen und denke an die Leidensgeschichten queerer Menschen, meine eigene Geschichte, wo Gesetze und Lehren Leben geraubt und verwundet haben, wo die Stigmatisierung, nein Verurteilung queerer Menschen als „in sich nicht in Ordnung" seiende Menschen, mit denen man Mitleid haben muss, für Formen von Niedergeschlagenheit gesorgt haben und sorgen, sodass das gesamte Leben überschattet ist und immer wieder der Wunsch hochkommt: Wäre doch schon alles vorbei.

Und richtig: Samariter sind nicht Priester und Levit und all die, für die sie stehen (fast wirkt es so, als meine Jesus: Du kannst es von ihnen einfach nicht erwarten, das ist nicht deine Schuld, du änderst sie nicht, lass sie laufen, halt dich mit ihnen nicht auf …); Samariter ist ein Fremder, jemand, der sich sorgt, der Wunden verbindet und nicht Wunden schlägt. Samariter sind Menschen, die jemanden an- und aufnehmen, wie er ist, die ihr Handeln davon bestimmen lassen.

Es ist entscheidend wichtiger, dass eine Samariterin, ein Samariter den eigenen Lebensweg kreuzt, als dass es ein Priester oder Levit tut.

Ich erschrecke vor mir selbst, dass die befreiende Botschaft des Evangeliums wie hinter tausend verschlossenen Türen kaum noch hörbar ist, schwer zu verstehen. Sie kommt nicht an, sie dringt nicht vor. Das kirchlich lehramtliche Mühen um die „Reinheit" der Lehre hat diese unbrauchbar gemacht und aus dem Alltag verbannt. Sie gleicht den goldenen Gefäßen in der Kirche, die vor allem den geweihten Männern zu dienen und sie wichtig zu machen scheinen; aber sonst dient sie kaum jemandem.

Viele Kolleginnen und Kollegen sagen: „Die Hoffnung stirbt zuletzt!" und: „Ich arbeite in der Kirche, damit sie anders wird und nah bei den Menschen ist." Was soll man sonst auch sagen?

Vielleicht sollte vor allem an Jesus erinnert werden, der in der Synagoge nicht die Wände neu gestrichen, aber sein Wort auf die Straßen gebracht hat? Der mit den Schriftgelehrten und Pharisäern ständig aneinandergeriet, aber nicht mit der stadtbekannten Sünderin, die ihm die Füße salbte? Der neu, anders und vor allem glaubhaft von Gott redete und alle entmachtete, die meinten, sie hätten Gott und seinen Willen in der Tasche?

Wo ist dieser Jesus heute? Wo kann er sein – in dieser Kirche, die von sich sagt, sie sei „seine"?

Unterwegs –
von woher und woraufhin?

„Da blieben sie traurig stehen."

Eine Predigt, gehalten drei Tage nach Veröffentlichung des Gutachtens im Erzbistum München

Und nun? Was machen wir?

Ich hatte eine Predigt vorbereitet – doch ich kann sie nicht halten. Der Versuch, einen biblischen Text an diesem Sonntag auszulegen, drei Tage nach der Veröffentlichung des Gutachtens im Erzbistum München, das vielen die Sprache verschlägt, dunkel Geahntes bestätigt, die Freude an der Ausübung eines kirchlichen Berufes zerstört, Entsetzen darüber hervorruft, wie kirchliche Würdenträger sich nach wie vor ihrer Verantwortung entziehen, käme mir vor wie ein Wegschweigen und Ausblenden.

Andererseits: Ist nicht schon alles gesagt, wenn auch nicht von allen?

Wie viele Gutachten braucht es noch, um das zu bündeln, ins Wort zu bringen, was spätestens in der MHG-Studie vor mehr als drei Jahren veröffentlicht wurde und was man nun eigentlich nur als ein Versagen der gegenwärtigen Form des Systems Kirche bezeichnen kann?

Hält das eigentlich noch, wenn wir sagen: Wir feiern hier unseren Glauben, unbeirrt davon, was kirchliche Amtsträger zerstört und gedeckt haben? Und wir warten geduldig, bis es für die verschiedensten Voten und Entscheidungen, etwa auf dem Synodalen Weg, eine Zweidrittelmehrheit der Bischöfe gibt – wenn es sie denn gibt …

Ich bemerke meine Ungeduld, wenn Bischöfe von Erschütterung und Scham sprechen, davon, dass sie den Opfern nahe sind und für sie beten.

Mich erinnert das an Schulkinder, die in einem Gebetsseufzer um gute Noten bitten für eine Klassenarbeit, für die sie nicht gelernt haben und für die sie auch nicht lernen wollen …

Wir sind – egal, wie wir es drehen und wenden wollen – eingebunden in diese Kirche, in das Bistum, das sich selbst wiederum als Teil der Weltkirche sieht. Und zu sagen: „Sieh auf das Gute!" (das Kirche zweifelsohne auch bewirkt), darf doch nie zu einer Decke werden, die alles andere zudeckt.

Und wenn ich daran denke, dass in unserem Bistum (Erzbistum Paderborn) ebenfalls eine Studie in Arbeit ist, deren Ergebnisse in zwei oder drei Jahren vorliegen sollen, und dass ein weiterer Teil der Bistümer eine vergleichbare Untersuchung noch nicht einmal in Auftrag gegeben hat: Wer wartet eigentlich darauf?

Manche sagen – nicht zu Unrecht –, bis es Ergebnisse gibt, sind immer mehr Opfer und Täter und Vertuscher verstorben oder nicht mehr in Verantwortung.

Es geht einfach nicht ehrlich zu in der Kirche. Stattdessen herrschen immer noch Angst, Karrierewahn, Verteufelung von Sexualität, Machtgebaren, und – man muss es eigens erwähnen – Angst vor Frauen.

Und nun? Was machen wir? Laut schweigen? Und dann dieselben Lieder singen wie vorher? Ist nicht alles irgendwie miteinander verbunden? Sehen wir nicht auch weg, wenn wir jetzt nicht dranbleiben, sondern weiter hinnehmen, statt unsere Stimme zu erheben?

Ich weiß nicht, von wem das Wort stammt, das die Bischöfe in den Blick nimmt, aber eigentlich für jeden Christen gilt; das Wort lautet: Die Bischöfe sind nicht die Nachfolger der Apostel, es sei denn, sie lebten wie diese.

Genügt es zu sagen, Kirche sei das Volk, das GOTT sich zusammenruft, unabhängig von Kirchensteuer zahlender Mitgliedschaft, unabhängig von Zweidrittelmehrheiten von Bischöfen, aber zutiefst abhängig von einer Botschaft voller Liebe und voller Würde, die da gelebt wird, wo Menschen in Frieden zusammen finden, die da lebendig ist, wo wirklich die Schwachen, die Getretenen in der Mitte stehen, wo die Liebe den Ton angibt und nicht die Macht oder das Geschlecht?

Meine Antwort: Ja. Das ist nicht nur genügend, sondern wesentlich. Und ich glaube, dieses wäre das Brot, das uns selbst nährt, das sich zu teilen lohnt, das sogar Christus selbst ist.

Noch eine Predigt, gehalten nach der Veröffentlichung der Münsteraner Missbrauchsstudie

Eigentlich soll Kirche den Glauben schützen. Ich erlebe es derzeit anders. Wenn die Ergebnisse der am Montag veröffentlichten Münsteraner Missbrauchsstudie überschrieben sind mit: „Bischöfe und Laien im Schweigekartell", sehe ich keinen Glaubensschutz, keinen Schutz derer, die Jesus besonders am Herzen lagen, die Kleinen und Geringen. Ich sehe vor allem einen Institutionsschutz. Und wieder stellen sich Menschen und ich auch die Frage: Fühle ich mich mit meinem Glauben in der Kirche gut aufgehoben? Oder fegen all die Dinge, die immer mehr ans Licht kommen, einem das Dach über dem Kopf weg? Was bedeutet es, wenn in den Bischofskirchen in den Gruften Bischöfe begraben liegen, die Täter geschützt und das Leid der Opfer nicht an sich herangelassen haben? Was bedeutet es für die Kleinen und Geringen, für die Opfer, wenn Straßen und Einrichtungen nach denjenigen benannt sind, die auf der Seite der Täter standen? Was bedeutet es, wenn der eigene bischöfliche Stuhl und die kirchliche Nestwärme wichtiger sind als Leiden, die durch Machtmissbrauch entstanden sind? Was bedeutet es, wenn der eigene bischöfliche Stuhl und die kirchliche Nestwärme wichtiger sind, als Konsequenzen zu ziehen aus den nun seit Jahren herausgearbeiteten Zusammenhängen, die den Machtmissbrauch selbst begünstigt haben? Was bedeutet es, wenn Menschen, die sich in den Beratungen des Synodalen Weges bemühen, ausgehend von den Missbrauchsverbrechen Reformen zu erwirken, von Seiten des Papstes die Einschätzung dazu hören, es sei problematisch, „wenn der Synodale Weg von den intellektuellen, theologischen Eliten ausgeht und sehr stark von äußeren Zwängen beeinflusst wird"? (Drei Fragen dazu: Ist es nicht so, dass Kirche selbst durch das Vertuschen den erwähnten Zwang hervorruft? Wäre es im Sinne des Papstes, dass theologisch Ungebildete über die Themen des Synodalen Weges diskutieren? Glaubt Papst Franziskus, dass die breite kirchliche Basis den Reformbemühungen kritisch bis ablehnend gegenüber steht?) Unmittelbar nach der Veröffentlichung der Studie zum Missbrauch im Bistum Münster wurde im Dom in Münster der Zugang zu den Bischofsgräbern geschlossen, ob zum Schutz der Gräber oder aus Respekt vor den Betroffenen – dazu gab es keine Äußerung. Wurde nicht lange genug verschlossen? Akten verschlossen? Leiden verschlossen? Münder verschlossen?

Dann berichtet eine Reportage in derselben Woche, dass der frühere Adveniat-Geschäftsführer und Bischof Emil Stehle Priestern, die in Deutschland mutmaßlich Missbrauch begangen hatten, die Flucht in Länder Lateinamerikas ermöglicht haben soll. Ich sitze vor dem Fernseher und erstarre, weiß nicht, ob ich schreien oder nicht doch zum Amtsgericht gehen soll. Nach und nach fallen sie alle von den Sockeln, diese von der Kirche Geehrten, und es sind vornehmlich Reporterinnen und Reporter, Journalistinnen und Journalisten, die uns hinter den schweren Vorhang blicken lassen. Die Bischöfe sind die abwartenden, tatsächlich nur auf Druck und Zwang Reagierenden. Ein Bericht trägt den Titel: Die Missbrauchskrise wird mehr und mehr zur Bischofskrise. Und immer klarer wird: Es reicht nicht, ein paar Steinchen im Gebäude Kirche auszutauschen, das Gebäude selbst ist morsch.

Ist diese Kirche krank? Blind? Böse? Unfähig? Oder doch „nur" machtversessen? Mit diesen Fragen und Gedanken höre ich die Fragen Jesu im Evangelium (Lk 9, 18–24): „Für wen halten mich die Leute?" und „Für wen hältst du mich?" Und ich merke, wie ich an einen Jesus außerhalb dieser Kirche glaube, an einen, der Unrecht beim Namen nennt, ohne Angst Missstände ausspricht, auf der Seite der Verletzten, Gedemütigten und Missbrauchten ist. Ich sehe ihn nicht vertreten durch Menschen, die mit Stab, Mitra und Gewand daherkommen. Ich sehe ihn in den Weinenden, Klagenden, Durstigen und um ihr Recht Ringenden. Immer noch scheint es ein Kreuz zu sein, Menschen vom Rand in die Mitte zu holen, eigenes Handeln vom Leiden der Schwachen ausgehen zu lassen. Immer noch wird Jesus gekreuzigt, nach wie vor nicht von den Zöllnern, nicht von den Dirnen, aber von jenen, die meinen, sie hätten Gott an ihrer Seite, aber die in Wahrheit nur um sich selbst kreisen.

Anhalten

„Da blieben sie traurig stehen", heißt es von den Jüngern auf dem Weg nach Emmaus, als der ihnen bis dahin Fremde sie fragt, worüber sie eigentlich reden. Als Kind dachte ich immer: Warum stellt sich Jesus – denn wir als Lesende wissen ja schon, wer mit den Jüngern unterwegs ist – so dumm und fragt, was er doch weiß. Aber der Sinn dieser Nachfrage ist ein anderer: Die Jünger sollen sich aussprechen, innehalten, anhalten.

Ich glaube, viele Menschen verlassen in unserer Zeit die Kirche, weil die Menschen in ihr nicht anhalten. Es geht einfach weiter. Die schrecklichen Missbrauchsverbrechen und die offenbar werdende Erkenntnis, dass die Täter geschützt und die Opfer nicht gesehen wurden, diese grausamen Verbrechen sind noch nicht einmal Sand im Getriebe, geschweige denn, dass sie zum Anhalten bewegen würden.

Eine Gemeinde in Aschaffenburg, die zumindest drei Wochen lang den Alltag unterbrach und nach der Veröffentlichung des Münchener Gutachtens die sonntägliche Eucharistie nicht gefeiert, sondern stattdessen aus dem Gutachten vorgelesen hat, erntete viel Kritik. Das hätte nichts miteinander zu tun. Hat es nicht?

Braucht Trauer nicht Ausdruck, Entsetzen nicht eine Form, Ohnmacht eine Stimme? Bedeutet Weitergehen ohne Unterbrechung, ohne Anhalten nicht ein darüber Hinweggehen?

Anhalten bewirkt, dass das Geschehene, das Erfahrene, das Erlittene, das Enttäuschende, das wütend Machende, das Entsetzliche wirklich alle Aufmerksamkeit bekommt. Da geht nichts anderes mehr, da steht alles still, so wie alles stillsteht, wenn ein lieber Mensch stirbt. Denn es verändert sich alles, auch wenn die Welt sich weiterdreht.

Manch ein Bischof bemühte sich, kurz nach Veröffentlichung der MHG-Studie den Priestern zu danken, die ihren Dienst tun, die jetzt in etwas hineingezogen würden, wofür sie nichts könnten. Ist das Anhalten? Oder wäre Anhalten nicht, zu den Mitarbeitenden hinzufahren, zu jeder einzelnen, zu jedem einzelnen und nachzufragen, wie es der Fremde tut: Was ist das, was dich beschäftigt? Wie siehst du das, was geschehen ist?

Vieles ist noch nicht ins Wort gekommen. So wichtig und unentbehrlich der Synodale Weg mit all seinen Themenstellungen ist, er steht immer wieder in Gefahr, wenn vergessen wird, weswegen er beschritten wurde: Wegen der Missbrauchsverbrechen und systematischen Ursachen. Offensichtlich ruft genau deswegen jedes neue Gutachten aus anderen Bistümern das gleiche Entsetzen erneut hervor, weil es nicht in all seiner Schwere zum Anhalten bringt.

Trauer braucht Ausdruck. Der Fremde ermöglicht den Jüngern diesen Ausdruck und nimmt sie mit ihren Gefühlen ernst. Er weicht der Trauer nicht aus; er holt sie stattdessen hervor. Alle drei stellen sich ihr, denn sie ist jetzt an der Reihe. Man kann vor ihr nicht weglaufen, sonst holt sie einen immer wieder ein.

Dass wir so viele Themen in der Kirche in der „Dauerschleife" haben, dass die schrecklichen Dinge aus der Vergangenheit uns lähmen, nicht erneuern und nicht glaubwürdig an der Seite der Verletzten stehen lassen, ist für mich der eindeutige Hinweis, dass wir uns all dem nicht wirklich stellen.

Wie stark sind Trauergespräche, für die viel Zeit ist; dann, wenn ich die Zeit vergessen kann, weil nicht sofort ein weiterer

Termin einschränkt, dann, wenn wir zusammen ein Leben durchgehen, verweilen, eintauchen, schweigen, Gedanken nachgehen. Der Gottesdienst zur Beerdigung ist dann ganz anders, weil zuvor schon so viel möglich war, weil so viel ausgesprochen werden und eine Verbindung entstehen konnte, die uns im Gottesdienst nicht einander gegenüberstehen lässt, sondern miteinander sein lässt im Angesicht des Todes und aller zusammengefügten Hoffnung, dass niemand ins Nichts fällt. Es macht behutsamer mit Worten, die so schnell über Trauer hinweggehen können; es macht behutsamer mit Worten, die von Ostern reden, bevor überhaupt Karsamstag ist.

Kein Weiter-so

Von 1670 wegen sexuellen Missbrauchs beschuldigten Priestern in Deutschland seit 1946 ist in der MHG-Studie von 2018 die Rede: Jeder zwanzigste, also 5 %. Dies ist darum nur die „Spitze des Eisbergs", weil Akten der Bistümer unvollständig geführt oder „beschönigt" wurden. Darüber hinaus gibt es eine Dunkelziffer von Mitwissenden, eine Komplizenschaft, wie die beauftragte Kanzlei des Münchener Missbrauchsgutachtens formuliert: Kleriker, die entweder irgendwie von höherer Stelle einbezogen waren und auf Täter ein Auge werfen sollten oder als Kollegen darum wussten, haben möglicherweise aus Gründen eigener Erpressbarkeit (wegen einer homosexuellen Veranlagung oder eines Lebens in einer Beziehung) geschwiegen.

Vielen Menschen, vielen Priestern geht es schlecht damit. Jedwedes Vertrauen ist zerstört. Ein Alptraum, fast nur auszuhalten, indem ich wegsehe oder verdränge.

„Vor dem musst du dich in Acht nehmen, der gehört zu denen, die euch anfassen!" Ein Kollege erzählt mir, dass ein Familienvater so zu seinen Kindern gesprochen hat, als er ihn als Priester erkenntlich auf der Straße sah. Er wäre verständlicherweise am liebsten im Erdboden versunken. Ähnliches berichtete das Internetportal *katholisch.de* von einem Großstadtpfarrer aus Berlin-Kreuzberg, der sich außerhalb der Kirche nicht als Priester erkennbar bewegt, was seinen Worten nach auch mit dem kirchlichen Missbrauchsskandal zu tun habe. Nach Bekanntwerden der Skandale sei er auf der Straße wiederholt beschimpft und sogar bedroht worden. „Als katholischer Priester bist du heute in Sippenhaft. Das ist keine schöne Erfahrung", so wörtlich.[1]

Ist es Einbildung oder übertrieben, besorgte Blicke von Eltern wahrzunehmen? Blicke, die fragen: Der etwa auch? Schließlich steht keinem der Täter, keinem Menschen ins Gesicht geschrieben, wozu er fähig ist und was er – bei sich bietender Gelegenheit – willens ist zu tun. Die Beichten mit Kindern finden schon lange nicht mehr in Beichtstühlen statt, sondern öffentlich einsehbar im Kirchenraum.

Ich nehme diese Jahre, spätestens seit Veröffentlichung der MHG-Studie, als ein unerträgliches Zwischen-allen-Stühlen-Sitzen wahr. Was sage ich meinen kirchlichen Mitarbeitenden, den ehrenamtlichen oder im Arbeitsverhältnis stehenden Menschen, die in ihren Bekanntenkreisen, mittlerweile auch in Familienkreisen, gefragt werden: Wie kannst du in dem Verein mitmachen? Wie kannst du diesen Verein unterstützen?

Wie erkläre ich, dass Verantwortliche die Täter schützten und den Opfern nicht glaubten, ihr Leid nicht sahen oder ihr Schweigen erkauften? Was sage ich angesichts der Verweigerung von Verantwortungsübernahme seitens der Bischöfe, General-vikare und Personalchefs mit all ihren scheinheiligen Selbst-rechtfertigungen? Machen nicht das rührselige Bedauern und die Bitte um Entschuldigung, ohne das eigene Versagen zu benennen, die Sache nur noch peinlicher und unerträglicher? Wie ist es zu verstehen, dass bislang nicht ein einziger Bischof persönliche Konsequenzen zieht in Form eines Rücktritts, in-dem er sagt: Ich kann nicht mehr Bischof sein? Die Erde ist für mich verbrannt, mein Gewissen verbietet es mir – und dieses eigene Gewissen steht für mich gegen das Wort des Papstes, der mein Rücktrittsgesuch nicht annehmen will? Wäre das nicht ein erwachsener Umgang? Erscheint es nicht mittlerweile so, dass Bischöfe bei Rücktrittsgesuchen die eigene Unverzichtbarkeit im Amt einkalkulieren können, wenn dieselben Bischöfe, die die Opfer zu wenig im Blick hatten, nun auf ein erneutes Wort des Papstes hin bestätigt werden? Können sie wirklich alles ganz anders machen?

Ich bin froh um jedes Kondolenzgespräch, um jeden Haus-besuch, bei dem diese Fragen nicht ausgesprochen werden, dennoch sind sie im Raum, beeinflussen alles, sind allerorten präsent.

Wenn alljährlich zu Weihnachten Bilder in die Welt ge-schickt werden, wie der Papst an Heiligabend die Figur des Christkindes küsst, glaube ich zwar zu wissen, wie er es meint, dennoch wird mir bei einem solchen Bild schlecht. Ich halte diese Bildsprache in diesen Zeiten für nicht angebracht. Wie wirkt sie auf Missbrauchsopfer? Ist es übertrieben, wenn ich darin mangelnde Sensibilität erblicke, ausgerechnet in einer In-stitution, die sehr wohl die Sprache und die Macht der Bilder versteht? Eindrücklich wurde dies vielen im März 2020 bei dem

Corona-Gebet des Papstes veranschaulicht: einsam auf dem menschenleeren Petersplatz mit dem mittelalterlichen Kruzifix, das im Pest-Jahr 1522 durch die Stadt Rom getragen wurde.

Wie kann ich dieses symbolische Küssen des Christkindes verstehen, das einerseits die Liebe zu Jesus und andererseits die Liebe zu allen Geringen und Verletzlichen ausdrücken soll, wenn die Übersetzung dieser Liebe in den Alltag, also ihre Konkretisierung so schwer erscheint? Denke ich an die Missbrauchsverbrechen, an die Menschen, die durch die Verbrechen lebenslängliches Leiden, lebenslängliche Schäden erfahren haben, dann bestürzt es, dass jene Liebe anscheinend erst durch den Druck der Medien und der Öffentlichkeit wachgerufen werden muss. Erscheint es nicht immer noch so, dass Missbrauchsopfer darum kämpfen müssen, dass man ihnen glaubt, dass ihr Leid anerkannt wird und dass Verantwortungstragende allenfalls das zugeben, was sie nicht mehr abstreiten können?

Ich meine, wir leben in einer Zeit, die weniger Symbolhandlungen, aber dafür mehr reale Handlungen braucht, greifbar für Menschen aus Fleisch und Blut. Niemandem ist geholfen, wenn Kleriker Altäre, Evangelienbücher, Kruzifixe und Christkindfiguren küssen. Wer braucht das eigentlich?

Sind nicht die Missbrauchsverbrechen, deren Vertuschung und die mangelnde Übernahme der Verantwortung seitens kirchlicher Würdenträger so einschneidend massiv und belastend schwer, der Botschaft Jesu diametral entgegen, sodass in der Kirche eigentlich kein Stein auf dem anderen bleiben kann und wirklich alles auf den Prüfstand gehört?

Weg mit der Farbe

Ich vergleiche die Bilder in den Medien, wenn sie über die Vollversammlung der deutschen Bischöfe und über die Vollversammlung der Synodalen berichten: Auf der einen Seite nur Männer, schwarz-weiß, allenfalls in der Tiefe der Farbe von anthrazit bis schwarz unterschiedlich; auf der anderen Seite ein farbiges Bild, Frauen und Männer, queere und heterosexuelle Menschen. Sagt das nicht schon viel?

Schwarz-weiße Chefetagen prägen nach wie vor leitend und bestimmend die öffentlich wahrnehmbare Gestalt der Kirche. Mag es vor Ort bisweilen auch bunter zugehen – das, was die breite Öffentlichkeit, die mindestens 80% der Getauften von Kirche wahrnehmen, nehmen sie aus den Medien wahr. Kolleginnen und Kollegen versuchen, dem entgegenzutreten. Hier und da etwas Farbe, etwas Queer, etwas Mut, etwas Ehrlichkeit. Da tut es dann ein Priesterhemd in blau und eine Jeans dazu … Gegen das große Bild der Kirche, gegen die Großwetterlage kommen sie nicht an.

Die Erwartungen von Menschen nehmen in dem Maß ab, wie die Enttäuschungen und der handfeste Eindruck, in ihrem eigenen Leben und in ihrer eigenen Wirklichkeit nicht gesehen zu werden, wachsen. Mit den zunehmenden Jahren in meinem Beruf verfestigt sich in mir die Erfahrung, dass es den Bischöfen im Großen und Ganzen egal ist, wie es ihren Mitarbeiter*innen geht, was sie denken und fühlen, was sie glauben und wo sie nur funktionieren. Anerkennende Worte sind selten. Es regnet von oben nach unten. Und „oben" weiß man, wo es unten trocken ist. Die Rollen sind klar: Es gibt die Redenden und es gibt die Hörenden, es gibt die Wissenden und die Unwissenden.

Erfahrungen werden nicht „abgerufen", Konzepte entstehen an behördlichen Schreibtischen und nicht an lebhaften Mahltischen.

Jahrzehntelang ist die Farbe verbannt worden, zumindest ab dem Augenblick, wo sich unsere Gesellschaft mit all den unterschiedlichen Lebensentwürfen und Liebesgeschichten farbiger zeigen durfte. Eine Zeit lang konnte man es sich noch leisten, bei Einstellungen in kirchlichen Einrichtungen auf Heterosexualität und kirchenrechtlich gültig geschlossene Ehen zu achten. Es gab halt genügend Erzieher*innen, Ärzt*innen und Religionslehrer*innen, die dieses (vermeintliche) Ideal erfüllten. Und wer sich als Priester oder Gemeindereferent*in darauf einließ, lernte seine Farben zu verbergen und zu verleugnen oder kam schon von vornherein als „graues Mäuschen" an.

Ich erinnere mich noch gut an den ersten Tag des sogenannten Vorkurses zum Studienbeginn 1985: 55 junge Männer versammelten sich im Konvikt, dem Ort, wo einige von ihnen dann 4 Jahre ihres Lebens wohnen sollten (und noch 2 weitere Jahre im benachbarten Priesterseminar). Welch ein buntes Bild gaben wir alle ab. Sicher, einige waren dabei, die schon jetzt am liebsten einen schwarzen Anzug getragen hätten (wenn nicht gar Soutane), aber das Gesamtbild war ein anderes: vital, quirlig, ein bisschen laut, aufgedreht, kraftvoll, vielfältig (soweit man von Vielfalt reden kann, wenn nur Menschen eines Geschlechtes vertreten sind).

Mit der Zeit schrumpfte die Vielfalt und die Farbigkeit. Nahezu die Hälfte der 55 Männer gingen oder wurden gegangen. Es wurde gesetzter, grauer, angepasster und enger. Ganz viel Leben wurde ausgeschlossen, war schlicht und einfach nicht gewollt, passte nicht ins Schema. Wer blieb, achtete genau darauf, wo er was sagte, wo er es vielleicht riskieren konnte, etwas Maske fallen zu lassen, wo unter dem „Grau-Blau", der Vorstufe von Schwarz-Weiß, doch noch etwas Farbe war. Ertragen ließ es sich mit Ironie. Der Karnevalsruf „im Haus" war dann tatsächlich: „Leo Grau-Blau". (Leo für Leokonvikt, dem Wohnheim für Theologiestudenten).

Eine Institution, die so viel Leben und Vielfalt schon im Erscheinungsbild ihrer „Leitungskräfte" und im öffentlichen Auftreten ausschließt, bildet nicht nur die Wirklichkeit nicht mehr ab, sondern wird auch für einen Großteil der Menschen langweilig, farb- und bedeutungslos.

„Wenn aber das Salz fade geworden ist, womit soll man es salzen? Es taugt zu nichts mehr, als dass es hinausgeworfen und von den Leuten zertreten wird.", sagt Jesus im Matthäusevangelium (Mt 5,13).

Ich höre einen Bericht im Radio (BR24, 17.07.2022) über eine Kita in Ludwigshafen, die Kita Regenbogen. Die evangelische Kirche als Trägerin hat 2021 einen interkulturellen und interreligiösen Leitfaden für ihre 20 Kitas eingeführt. Die Diversität der Kinder und ihrer Familien soll wertgeschätzt werden – heißt es in der Konzeption. In der Puppenecke liegen nicht nur Puppen mit heller Hautfarbe, sondern auch mit dunkler Hautfarbe oder mit asiatischen Gesichtszügen zum Spielen. Es gibt Kinderbücher, in denen Kinder of colour abgebildet sind, Bücher mit Flucht- und Migrationsgeschichten.

Die Leiterin der Kita erzählt von einem Schlüsselerlebnis: Ein afrodeutsches Kind hatte sich im Hof draußen Sand über den Arm fließen lassen. Nach einiger Zeit habe sich eine pädagogische Fachkraft bei dem Kind erkundigt, was es denn da mache. Das Kind habe geantwortet: Ich möchte gerne eine helle Haut haben.

Für die Kita war das ein Weckruf auf dem Weg zur Vielfalt als Normalität. Buntstifte in verschiedenen Hautfarbentönen, diverses Spielzeug, unkonventionellere Bilderbücher: „Das alles bewegt etwas", so die Kita-Leiterin.

Ich denke an unsere Kirche und wie sie sich abbildet oder darstellt, wie sehr sie von Menschen mit weißer Hautfarbe geprägt ist, von (vermeintlich) heterosexuellen Menschen und von Männern. Solange andere Lebenswirklichkeiten und Lebensentwürfe nicht sichtbar werden (können oder dürfen), ruft sie auch Reaktionen hervor, wie sie das erwähnte afrodeutsche Kind in dem Radiobeitrag zeigt: Menschen möchten anders sein, als sie sind, sie „doktern" an sich herum, sie leiden, sie wissen sich nicht zu helfen, sie fühlen sich minderwertig, sie denken, es dürfe sie so nicht geben.

Wo Menschen mit ihrer Farbe, mit ihrer Couleur in verantwortlichen Positionen nicht auftauchen und sichtbar sind, werden Diskriminierungserfahrungen regeneriert.

Dieser Tage rief mich ein 80-jähriger Diakon an. Die Quintessenz des Gespräches war seine Erkenntnis: „Ich habe viel zu viel geschwiegen, mitgespielt, den Mund nicht aufgemacht, meine Meinung nicht gesagt. Ich habe mir den Mund verschließen lassen." (Lisa Kötter, Mitinitiatorin der Graswurzelbewegung Maria 2.0, lässt grüßen mit ihren über 100 gemalten Bildern von größtenteils Frauen mit einem durch ein Pflaster zugeklebten Mund.) Mir ging dieses Gespräch sehr nahe. Was ist das oft für ein Taktieren und Überlegen, was bei den Bischöfen angesprochen wird und was nicht. Denn Reaktionen können unbequem sein: eisiges Schweigen, Explodieren, Kleinreden bis hin zum

Totalangriff: „Sollte denn wirklich alles falsch sein, was ich gemacht habe?" Und schon ist man ruhig, entweder, weil deutlich wird, es hat keinen Sinn, oder aus Selbstschutz, um nicht noch mehr Enttäuschung verarbeiten zu müssen.

Dr. Katrin Brockmöller sagte in der Dialogpredigt der Abschlussmesse beim Katholikentag 2022: „Verherrliche deinen Sohn, damit der Sohn dich verherrlicht. Man könnte ebenso gut übersetzen: Ehre mich, wie ich dich ehre. Das heißt: Gib mir Ansehen, gib mir Würde, gib mir Glanz, gib mir Schönheit. Das ist das, was eine gelingende Beziehung ausmacht: Wir lassen einander groß sein. Wir lassen einander fliegen. Das ist Liebe: Ich gebe alles, damit du in meiner Nähe dich selbst zeigen kannst, dein Innerstes, dein Stärkstes, dein Schwächstes und auch dein Schönstes."

Starke Worte. Sie sprechen mich an. Das wäre Kirche, das wären kirchliche Dienstgeber*innen: Ich gebe alles, damit du in meiner Nähe dich selbst zeigen kannst, dein Innerstes, dein Stärkstes, dein Schwächstes und auch dein Schönstes. Genauso ist es nicht. Sonst hätte es #OutInChurch nicht gebraucht, sonst könnten Frauen genauso die Weihesakramente empfangen. Stattdessen GRAUT oder schwärzt Kirche ein, verbannt immer noch die Regenbogenfarben, lässt Menschen eben nicht das Innerste, Stärkste, Schwächste und Schönste, lässt sie nicht sich selbst zeigen. Wenn ich diese Worte höre, deren Erfüllung und Ernstnahme ich mir wünsche, erzeugt das in mir einen Wirbel von Gefühlen. So habe ich Kirche NOCH NIE erlebt, zumindest diejenigen nicht, die meinen, sie träfen die großen Entscheidungen und übernähmen Verantwortung. Wird das jetzt anders?

Vom Wagnis aufrichtiger Selbstbesinnung: Bereitschaft die Ausgangslage anzuerkennen?

„Was sind das für Reden, die ihr da auf dem Weg miteinander führt?"

Museumsführer in Ruinen

Die Situationen, in denen ich mich wie ein Museumsführer fühle, nehmen zu. Zu meinen Aufgaben gehört es auch, Schülerinnen und Schülern den Kirchenraum zu erschließen. Dabei gibt es kaum etwas, woran ich anknüpfen kann. Je länger die Erstkommunion zurückliegt, umso weniger Anknüpfungspunkte gibt es. Es ist, als spräche ich in einer anderen Sprache. Es ist, als würde ich auf Bilder verweisen, die in Farben gemalt sind, die heute niemand mehr zum Malen gebraucht. Bestenfalls nehmen die Schülerinnen und Schüler die Rolle von Zuschauenden ein. Das, was ich vermitteln möchte, bleibt ihnen fremd, erscheint wie aus einer anderen Welt, die nicht die ihre ist und die bestenfalls für den Augenblick aus großer Distanz und noch nicht einmal mit Staunen wahrgenommen wird.

Natürlich macht das was mit mir. Vor allem löst es Trauer aus. Ich möchte etwas nahebringen, was (noch) mit mir spricht, und es gelingt mir nicht.

Ich merke, dass es mich beeinflusst, ob Menschen mit „meinem Museum" etwas anfangen können oder nicht. Ist das nun gut oder ist das schlecht?

Ich denke an so manches Gespräch mit kirchlichen Angestellten beim Bistum, die mir erzählen, wie selten sie mittlerweile einen Gottesdienst mitfeiern. Und selten heißt unter Umständen auch: noch nicht einmal zu Weihnachten. Sie können es nicht mehr. Sie vernehmen im Gottesdienst keine Botschaft, kein Wort, das in ihr eigenes Leben hinein spricht. Die gesamte Zeremonie berührt sie nicht mehr. Deutungs- und bedeutungslos. Sobald sie in einem Umfeld arbeiten, in dem keine „Gesichtsmassage" mehr nötig erscheint, sobald sie in einem Umfeld arbeiten, das nicht mehr so einsehbar (um nicht zu sagen kontrollierbar) ist, nutzen sie den Freiraum. Fast fühle ich mich von ihnen alleingelassen. Es sind doch (und nicht nur irgendwie) Kolleginnen und Kollegen, wir haben die gleiche Arbeitgeberin, wir versuchen uns im gemeinsamen Glauben.

Auch das nagt an mir und wirft in mir die Frage auf, ob ich mich möglicherweise ähnlich verhalten würde wie die genannten Kolleginnen und Kollegen, ob ich vielleicht sogar etwas neidisch auf sie bin, dass sie in dieser Frage der Gottesdienstfeier freier sind als ich. Ich kann die Frage nicht letztgültig beantworten. Aber ich kann ein ähnliches Verhalten unter anderen Umständen oder Voraussetzungen für mich nicht ausschließen. Was tue ich, was sage ich vielleicht nur, weil es mein Beruf fordert?

Und weiter gefragt: Kann es sogar sein, dass ich anders reden und handeln würde, gerade wenn ich meiner Berufung folgen würde? Passt das Leben einer priesterlichen Berufung genau mit dem zusammen, wie die Kirche diesen Beruf zurechtgeschnitten hat, was sie für ihn voraussetzt und wie sie ihn gelebt sehen will? Auch diese Fragen begleiten mich seit dem Studium, und ich bin dankbar, wenn ich davon lese, dass es Theologen (wie den emeritierten Bonner Neutestamentler Martin Ebner) gibt, die sagen, dass die Kirche kein Priestertum im Sinne eines eigenen „Standes" braucht und dass man in Jesus nicht das Urbild des katholischen Priesters erblicken kann.

„Wenn Berufungen zum Priestertum abnehmen, dann kann das daran liegen, dass der Ruf nicht gehört wird – oder aber, dass diese Rufe ausbleiben. Vielleicht aus gutem Grund. Möglicherweise ist der Priestermangel kein Defizit, sondern Zeichen der Zeit", kommentiert Felix Neumann am 07.07.2022 auf *katholisch.de* angesichts des Arbeitsauftrages an das Priesterforum des Synodalen Weges: „Das Forum soll sich mit der Frage auseinandersetzen, ob es das Priesteramt überhaupt braucht."

Die Antwort (wobei es Antwort nicht trifft, denn wer antwortet, findet eine Frage vor oder weiß sie zu stellen; eher handelt es sich um eine Reaktion) der Kirche war bislang, um geistliche Berufe zu beten, auf Priester der Weltkirche zu bauen und neuerdings seit einigen Jahren Werbekampagnen mit Abbildungen junger Priester zu starten.

Will Gott „bekniet" werden, um einen Mangel zu beheben, den er ohne das Gebet der Vielen nicht sieht? Kann man wirklich Menschen aus anderen kulturellen Hintergründen „verpflanzen"? Die Erfahrungen in den Gemeinden und Bistümern mit dieser Praxis gehen sehr auseinander.

Wenn es ein „Zeichen der Zeit" ist, was ich eher vermute, was bedeutet das eigentlich für die jetzt arbeitenden Priester als „Auslaufmodell"? Es ist ja ein Auslauf in doppeltem Sinn: Die Entfernungen und Räume werden immer größer, es wird immer mehr gelaufen, gefahren, und die immer geringer werdende Anzahl der Priester weist darauf hin, dass es so nicht mehr weitergeht.

Der Blickwinkel (welt)kirchlicher Gemeinden kommt zumindest ab und an zur Sprache: Wie sie sich selbst zu helfen wissen, wie Frauen und Männer Gottesdienste leiten, wie sie taufen, beerdigen, trauen, Kranke begleiten und salben, Brot brechen, soziale Projekte entwickeln, wie sie eben nicht mehr auf Priester warten, die alle Jubeljahre zur Eucharistie kommen; ähnlich wie hierzulande Gemeinden im Grunde auch nicht mehr auf Bischöfe warten, damit sie das Sakrament der Firmung spenden, weil es ihnen egal ist, ob dazu ein Bischof kommt oder nicht.

Und die Berufsgruppe der Priester, zwischen Bischöfen und Gemeinden? Wie verarbeiten sie die „Zeichen der Zeit", die darauf hinzuweisen scheinen, dass das uns vertraute Priesterbild in den gegenwärtigen Herausforderungen ungenügend und nicht mehr passend ist? Wo gehen die Reaktionen der Bischöfe über Bedauern und über Worte wie zum Beispiel vom Würzburger Bischof Franz Jung, gesprochen bei einer Andacht zur Kilianswoche 2022, hinaus, wenn er sagt: „Ich weiß aus eigener Erfahrung, wie sehr das wehtut, wie es nervt, und wie hilflos man dem gegenübersteht, weil man es nicht ändern kann und viele Erklärungen schuldig bleiben muss." Reicht es, den Seelsorger*innen den Ball ins Feld zurückzuschießen, wenn der Bischof ihnen sagt, wo sie nicht mehr auf das Herz hören, würden sie zum „Funktionär, der funktioniert"?

Wir haben ja noch nicht mal eine „funktionierende" Kirche, und dazu muss man nicht nur Missbrauchsverbrechen und deren Vertuschung anführen; die hohen Kirchenaustrittszahlen, die Veränderungen in den Gemeinden, die Bedeutungslosigkeit der Gottesdienste für die meisten Getauften: Was „funktioniert" denn da?

Wie ertrage ich es als Priester, auf nahezu allen Stellen keinen Nachfolger mehr zu haben, weil die Räume immer größer gefasst, die Anforderungen damit immer höher geschraubt werden? Was bedeutet es, wirklich zwischen allen Stühlen zu sitzen, insgeheim Vermutungen zu haben, an welchen Orten im zu betreuenden „Raum" in absehbarer Zeit keine Glocken mehr läuten und keine Kirchen mehr stehen? Was bedeutet es spirituell, die Ahnung zu haben, dass Gott in den Zeichen der Zeit ausdrückt, dass mein Priestersein in dieser Weise ausgedient (ausgeherrscht …) hat? Wir sind wie Werkzeuge, für die es keine

Ersatzteile mehr gibt, die man so lange nutzt, bis sie untauglich sind, verschlissen, bis nichts mehr geht.

(Sind nicht vor Jahrzehnten „Zeichen der Zeit" übersehen worden, als die Verbindung zwischen Zölibat und Priestertum in Frage gestellt wurde und die Frage nach der Weihe von Frauen aufkam und entsprechend beantwortet wurde – und wir leben nun in einer Zeit des „zu spät", so dass allein die Aufhebung der Zölibatsverpflichtung und die Weihe von Frauen noch zu wenig wären, um wieder stark und ernst genommen zu werden?)

Ich halte es für verantwortungslos, wenn die einhellige Antwort der Bischöfe, der violetten (roten und weißen) Kirche lautet, ohne Priester gäbe es keine katholische Kirche (ich glaube, sie hat es aber gegeben und gibt es faktisch an vielen Orten ...), und als einzigen Weg anzubieten, die seelsorglichen Räume immer größer zu fassen.

Ich empfinde es als einen Widerspruch, auf der einen Seite zu sagen, Gott ist längst da und am Wirken, bevor wir kommen, und auf der anderen Seite die Heilsnotwendigkeit der Sakramente zu betonen. Wer versteht das?

Ich halte es für zu kurzsichtig, in unserer Zeit von guten und schlechten Gottesdiensten zu sprechen, sie am Ende noch zu evaluieren, als sei es mit etwas Kosmetik und Hochglanzbildern getan: alter Wein in neue Schläuche ...

Geht es nicht eigentlich darum, wie wir Gott heute verstehen? Wie Gott in der Gegenwart zu uns spricht? Wer evaluiert eigentlich die ganzen Reden der Bischöfe und fragt, was sie Menschen zu sagen haben, die Halt suchen, die Orientierung und ein Dach für ihre Hoffnungen brauchen? Wer evaluiert ihre Reden daraufhin, was sie ihren engsten Mitarbeitenden zu sagen haben außer: schwere Zeit, durchhalten, die Hoffnung stirbt zuletzt, erschüttert und auf Gottes Ruf hören?

Mittlerweile glaube ich, hörten wir wirklich auf den Ruf Gottes, wären wir viel weiter.

Ich merke, wie groß das „Museum" ist. Nicht nur der Kirchenraum ist museal, auch Lehren, die bis vor kurzem noch einsichtig und selbstverständlich erschienen. Ich bewege mich in Räumen und in Lehrgebäuden, die einmal zumindest lebendig erschienen, mit Menschen gefüllt, die nun aber von immer weniger Menschen aufgesucht, wahrgenommen und verstanden werden.

Bei den Berufswünschen, die ich hatte, war Museumsführer nie dabei gewesen …

Mir kommt ein Wort aus dem Lukasevangelium in den Sinn: Wenn einer einen Turm bauen will, setzt er sich dann nicht zuerst hin und berechnet die Kosten, ob seine Mittel für das ganze Vorhaben ausreichen?

Diese Frage wühlt auf. Habe ich mich, haben wir uns verrechnet? Wir haben zu bauen geglaubt, keinen Turm, aber „lebendige Gemeinde", wie man das früher nannte. Viel wurde dafür versucht. Viel eingesetzt. Viel gedruckt. Viel initiiert. Viel gebacken. Viel gegrillt. Viel geredet. Viele Gottesdienste gefeiert. Für die Kirche, für die „lebendige Gemeinde" reichte das offensichtlich nicht. Sie stirbt.

Um ein Wort zu benutzen, das derzeit mit Blick auf die Klimakatastrophe gebraucht wird: Wir stehen kurz vor dem Kipppunkt. Wer sich unter 50 Jahre alt in den Gottesdienst verläuft, ist Minderheit.

Bei einem Vortrag von Schwester Philippa Rath bei uns im Jahr 2022 zur Frage der Weihe von Frauen war zu beobachten, was überall sichtbar wird: Es waren zwar 90 Interessierte teilnehmend, eine der 90 Personen war unter 50 Jahre alt.

Habe ich mich verrechnet? Oder zumindest nicht im Blick gehabt, wie es sich anfühlt, auf einem sinkenden Schiff zu sein, einer Gemeinschaft anzugehören, die mehr und mehr schrumpft, immer schwächer wird, immer zerbrechlicher und in ihren Führungsetagen viel an Glaubwürdigkeit eingebüßt hat?

Was macht das mit uns, wenn wir nur abgeben und verlieren: kirchliche Gebäude, Menschen, junge Menschen, Vielfarbigkeit – und wenn das Gefühl abhandengerät, gut aufgehoben zu sein?

Ich habe sieben Jahre gesessen und „gerechnet", die Zeit meiner Ausbildung und die Jahre davor, in denen der Berufswunsch klarer wurde. Und viele andere haben ebenso „gerechnet": Reichen die Mittel?

Alle, die in dieser Krisenzeit nach Corona und angesichts der Energiekrise real bauen, wissen, was es bedeutet, wenn die Preise immer mehr steigen. Manche haben Glück und können ihre Pläne stoppen. Andere sind mittendrin und kommen nicht mehr heraus – und verschulden sich, haben Angst und wissen nicht weiter. „Der da hat einen Bau begonnen und konnte ihn nicht zu Ende führen."

Viele kirchliche Mitarbeitende erleben einen solchen Spott: „Wo arbeitest du? Wie kannst du da arbeiten: in einer Institution, die immer noch Frauen und queere Menschen diskriminiert, in einer Institution, die immer noch geistlichen und körperlichen Missbrauch systemisch begünstigt?" Die Fragen kommen von außen – und die Fragen kommen von innen. Irgendwie bauen wir weiter. Wie sagt man: Die Hoffnung stirbt zuletzt. Andere sagen: Der Letzte, die Letzte macht das Licht aus. Sind wir die Letzten?

Die Mittel für den Bau sind aus. Vielleicht reichen sie gerade noch für den Rückbau … Es ist ähnlich wie bei dem an Trockenheit sterbenden Wald. Einige Bäume stehen noch, aber in einigen Jahren … Gesellschaft und Politik reagieren immer noch nicht konsequent genug auf die Herausforderungen der Klimakatastrophe; unsere Kirche reagiert kaum auf die Herausforderungen, die kirchliches Leben sterben lassen.

Sagen wir „Amen", das war's und schließen ab? Amen bedeutet bei unserem Beten das Ende. Aber fängt nicht eigentlich gerade jetzt unser Beten neu an, sodass wir fragen:

Gott, was willst du? Was machen wir mit unseren musealen Bauruinen, mit den guten Absichten, mit den enttäuschten Hoffnungen, mit dieser kaum ausdrückbaren Trauer, was machen wir mit der Einsicht, uns verrechnet zu haben?

Was machen wir mit deinem Wort, das du selbst bist, das doch über allem steht, größer und weiter, als wir Kirche leben und erleben, größer und weiter als unser Rechnen und Verrechnen?

Ein Weg zum Ehrlichsein

Wir aber hatten gehofft …

Das hatten wir. Wir dachten, wir bewegen etwas, wir verändern. Wir machen es besser. Vielleicht ist das normal so zu denken, wenn man jung ist, dass die Zukunft vor einem liegt. Wir erzählten uns während des Studiums von unseren Heimatpfarreien, wir redeten über dies und das, und wir glaubten ernsthaft, wenn wir erst einmal Verantwortung haben, predigen dürfen, mitgestalten können, geht es bergauf. Denn bergab ging es damals schon, nur dass wir nicht ahnten, wie tief es noch weiter hinuntergehen würde.

Wahrscheinlich ist das nicht unnormal, an eine gute Zukunft zu glauben, sondern einfach Ausdruck des Wunsches, ein guter Priester zu werden, jemand, der etwas bewegt, in Gang bringt, Menschen miteinander verbindet.

Allerdings stellten wir die Frage danach, was ein guter Priester ist, nicht tief genug, und sie wurde auch von den in der Ausbildung Tätigen nicht tief genug gestellt. Maßstab schien der äußere Erfolg zu sein. Wenn es jemand vermag, die Kirchen zu füllen, wenn in einer Gemeinde viel los ist, dann spricht das für gute Arbeit, für erfolgreiche Menschen. Dass mitunter Priester, die zu Missbrauchstätern wurden, einen besonderen Draht zu Jugendlichen hatten und in der Gemeinde (auch darum) beliebt waren, ahnten wir nicht; und es konnte deshalb nicht davor bewahren, nur auf das Äußerliche und in Zahlen Messbare zu schauen.

Wir aber hatten gehofft ...

Was hatten die Jünger auf dem Weg nach Emmaus wohl erhofft? Auch das Große, das äußerlich Sichtbare, die gute Zukunft, die dieser eine für alle bringen sollte? Erlösung für Israel – durch starke Worte, durch Massenbewegungen, durch Macht, durch Magie, einer, der es bringt und der die Menschen alle hinter sich schart. Klare Verhältnisse, glasklare Ansagen, alles geregelt. Der Traum vom „Haus voll Glorie", das über alle Land schaut. „Gottes Meisterhand" – zum Greifen nahe. Der König an der Spitze – und sie, seine Diener, bekommen etwas vom Glanz und von der Ehre ab.

Ein Denken, ein Hoffen, das immer noch da ist, auch bei Menschen in den Gemeinden, die mir als Priester oder anderen Mitarbeiterinnen und Mitarbeitern zu verstehen geben, man müsse nur dies oder das machen, und die Kirchen würden wieder voll. Jemand anderes soll es reißen.

Ich erwische mich selbst in dem Gedanken bei der Planung besonderer Projekte, bei bestimmten Schwerpunktsetzungen: Das muss doch jetzt etwas bringen, ins Leben rufen, Resonanz erzeugen, einen Wendepunkt darstellen. Und wenn dann in der Pastoral noch an vielen unterschiedlichen Orten von „blühenden Gärten" gesprochen wird (oder sie herbeigeredet werden): Hätte ich nicht meinen Beruf verfehlt, wenn ich das nicht wollte, hätte ich nicht den Drang, mit Menschen zu teilen, was mir wichtig ist?

Aber geht es wirklich um das Teilen – oder nicht doch um den Glanz, um Ehre für etwas Geleistetes, um wachsende Zahlen, die bestärken, die bestätigen und nach Erfolg riechen?

Wir aber hatten gehofft …

Alles hat einen anderen Gang genommen. Die Hoffnung hat sich nicht erfüllt. Wie nahe liegt die Frage, ob die Jünger auf die falsche Karte gesetzt haben. Ist dieser Gang nach Emmaus entlarvende Stunde der Wahrheit? Sind die Jünger nicht mehr nur entsetzt über die Brutalität der Soldaten, über das grausame Sterben Jesu, sondern vielleicht auch über die eigene Haltung und Erwartung? Da war jemand, der ihr Leben hätte verbessern sollen – und sie wollten nur hinterherlaufen müssen; da war jemand, der ihnen so viel hätte abnehmen sollen und so viel ermöglichen. Der Evangelist Johannes beschreibt eine ähnliche Haltung der Menschen nach der wunderbaren Brotvermehrung: Sie wollen Jesus zum König machen. Und er schreibt im selben Atemzug, dass sie ihn in ihre Gewalt bringen wollen. Ein Messias gemäß den eigenen Vorstellungen, der mich versorgt, mich passiv sein lässt und so lange Bedeutung für mich hat, wie er meinen Vorstellungen entspricht.

Man sollte meinen, dass schon hier das Brennen in der Brust einsetzt, das Feuer, das reinigt.

Der Jesus, der mit ihnen unterwegs war und jetzt unerkannt mit ihnen auf dem Weg ist, ist nicht der Supermann, der Magier, ist nicht der, der Orden verleiht, Titel vergibt, nicht einmal Plätze im Himmelreich. Er ist nicht der, mit dem man groß rauskommt oder Karriere macht. Wo er auftaucht, spielen keine Fanfaren, kein „Trumpet Voluntary". Ich kann es bis heute nicht leiden, wenn es in Gottesdiensten gespielt wird; ich konnte es nicht leiden, wenn Mitstudenten mit dieser Musik von ihrer ersten heiligen Messe, der Primiz, träumten.

Kann es sein, dass es überall da, wo es so bombastisch zugeht, eher ein Zeichen für die Abwesenheit Jesu ist? Denn seine Gegenwart bindet er den eigenen Worten nach an einfaches Brotteilen und an die Schwachen und Geringen.

Wir aber hatten gehofft …

Vielleicht erzählen wir uns auch zu wenig davon, was das für Hoffnungen und Träume waren (oder auch immer noch sind?), die uns in und mit und als Kirche unterwegs sein lassen, die uns einen Beruf in der Kirche haben ergreifen lassen. Vielleicht verklausulieren wir es zu sehr, machen uns nicht ehrlich und verschweigen das, was wir uns selbst davon versprochen haben. Dass Menschen derartige Hoffnungen haben, wird sogar von den Aposteln überliefert, ganz offen angesprochen, etwa als zwei von ihnen sagen, sie möchten im kommenden Reich rechts und links neben Jesus sitzen, oder als sie sich fragen, wer von ihnen der Größte sei. Aber sie bleiben – wie wir auf dem Weg nach Emmaus merken – dabei nicht stehen. Sie wachsen darüber hinaus, weil sie eine wichtige Voraussetzung dafür erfüllen: Sie werden ehrlich.

Mit Blick auf meine Lebensgeschichte sehe ich auch einen Beweggrund, den ich heute nicht nur unzureichend finde, sondern für den ich mich mittlerweile schäme. Ich habe mir den Beruf auch deswegen gewünscht, weil sich der Außenseiter, der ich lange vor allem wegen meines extremen Übergewichtes war, mit dem Priestersein ein anderes auf ihn fallendes Licht erhofft hatte. Dem Kleinlauten, der ungern vor Menschen sprach, der zum ersten Vorlesen im Gottesdienst regelrecht gezwungen werden musste, würden plötzlich Menschen zuhören, und das Amt würde dabei mithelfen.

Wir aber hatten gehofft …

Der Emmausweg ist kein Spaziergang. Er führt in keinen Palast, nicht in den Vatikan, nicht ins Pfarrhaus, in kein Schloss; er führt in ein einfaches Haus in Emmaus. Das ist ein Ort, der nur ungefähr angegeben wird als 60 Stadien von Jerusalem entfernt, vermutlich das Zuhause des Kleopas.

Vom Verlieren der Kräfte

Ein Gespräch mit einem Kollegen beschäftigt mich anhaltend. Er wurde zwei Jahre nach mir zum Priester geweiht und hat sich vor einigen Jahren eine längere therapeutische Auszeit genommen. Seitdem versucht er, auf sich zu achten. Er leidet – trotz zahlreicher freundschaftlicher Kontakte – unter Einsamkeit. Immer wieder sucht er Gespräche mit seinem geistlichen Begleiter und plant jetzt noch einmal eine Auszeit.

Wir reden darüber. Ich frage ihn, was er sich davon erhofft. Wir beide sehen, dass keine Auszeit die kirchliche Situation verändern wird. Diese erleben wir ähnlich als ein Versinken in Bedeutungslosigkeit, als ein Sterben auf Raten. Wir unterhalten uns über den riesigen Reformstau in der Kirche, die jahrhundertelang den Menschen antrainierte Fixierung auf die Kleriker; das ebenso lange Einflößen von Höllenängsten; die vermittelte Sexualmoral, die in jedes Schlafzimmer hinein regiert hat und es im Grunde immer noch tut, als würden Menschen dafür die Türe offen halten; das Verbannen wirklicher Kunst aus den Kirchen zugunsten von Devotionalien; die kaum mehr zu erklärende oder verständliche liturgische Sprache; die völlige Inanspruchnahme durch einzelne Menschen, die meinen, sie würden das gewohnte Gemeindeleben stützen und retten können, wenn man sich nur genug Mühe geben würde; die Notwendigkeit der Reduzierung kirchlicher Gebäude mit all den Auseinandersetzungen mit Menschen, die all die Veränderungen nicht sehen und nicht sehen wollen; der Abbau von Personal in den Gemeinden bei einer gleichzeitigen Aufblähung des Generalvikariates; das völlige Zerrissensein zwischen Menschen, für die das, was wir tun, genau richtig ist, und jene, für die es völlig falsch erscheint; die Wünsche und Vorstellungen von Menschen, die jahrelang kaum Kontakt mehr zur Kirche hatten, an denen zahlreiche innerkirchliche Entwicklungen vorbeigegangen sind und die nun angesichts einer Trauung, Taufe oder Erstkommunion mit Vorstellungen und Erwartungen kommen, die kaum zu erfüllen sind; der wachsende Eindruck, dass Kollegen, je höher sie in der kirchlichen Hierarchie arbeiten, ihre Erdung verloren und das wirkliche Hinhören verlernt haben; das Erscheinungsbild von Kirche in der Öffentlichkeit angesichts

der Missbrauchsverbrechen, deren Vertuschung und der Sala-
mitaktik der Verantwortlichen, die nur bereit sind zuzugeben,
was sie nicht mehr abstreiten können; der sich immer stärker
anhäufende Frust, der zu einem zu hohen Weinkonsum führt;
die einsetzende gefräßige Leere im eigenen Inneren, die auch am
Glauben nagt; all die verpassten Dialoge, die die Kirche hätte
führen können mit Theolog*innen, auch jenen, denen die Lehr-
erlaubnis entzogen wurde; die Redewendungen von Bischöfen,
die zu verstehen geben, dass wir Diskussionen brauchen über
Themen und Herausforderungen, die schon 50 Jahre auf dem
Tisch liegen und seitens der Theologie längst eine gute Bearbei-
tung gefunden haben; das Desinteresse jener in den Gemeinden, die „ihre Messe" wollen und sonst sich den kirchlichen
Herausforderungen nicht stellen; das eigene Unverständnis und
Kopfschütteln über die immer noch lehramtlichen Positionen
zur Frage der Weihe von Frauen, zum Zölibat, zu homosexuellen Priestern; die immer stärker einsetzende Loslösung des
christlichen Glaubens von der Kirche und vieles mehr.

Ich wiederhole meine Frage: Was erwartest du von einer
Auszeit? Liegen die Probleme wirklich bei dir? „Nein", sagt er,
„aber ich muss noch 16 Jahre arbeiten, und ich will da halbwegs
heil durchkommen."

Auszeiten, geistliche Begleitungen, Fortbildungen, um
mit der kirchlichen Situation fertigzuwerden, um zu verhin-
dern, dass sie Menschen allzu sehr krank oder mutlos macht,
erschöpft, niederdrückt, (ver-)zweifeln lässt: Diese Bemühun-
gen unternimmt nicht nur der erwähnte Kollege, diese Bemü-
hungen unternehmen manche Priester, ebenso Pastoral- und
Gemeindereferent*innen. Das sind die kirchlichen Hilfestel-
lungen, die man großzügig gewährt bekommt. Mitarbeitende

werden für eine gewisse Zeit gestärkt, um weitermachen zu können. Schlimmstenfalls verlieren sie dabei den Antrieb, die richtigen Fragen zu stellen, Missstände zu benennen und Forderungen zu erheben. Und ab einem bestimmten Zeitpunkt beginnen sie, die Jahre zu zählen, die sie noch arbeiten *müssen*.

„Halbwegs heil durchkommen" – da sind Freude und Leidenschaft verloren gegangen. Die Kreativität findet keine Energie mehr. Arbeiten wird zum bloßen Reagieren. Auseinandersetzungen werden gemieden, und alle Kraft geht dahin, auf sich selbst hin sensibel zu sein, um nicht in eine erneute Depression oder in ein Burnout zu geraten.

Zynismus wächst. Stabilisierende Freundschaften und Gespräche sorgen dafür, dass sich an diesem Status quo nichts ändert.

Was für ein Potential wird da verschleudert von Menschen mit Abitur, akademischem Abschuss und einer Ausbildung von mindestens sieben Jahren. In theologischen Disziplinen sensibel gemacht für eine historisch-kritische Bibellektüre, für die vielen Veränderungen und notgedrungenen Anpassungen der kirchlichen Lehre an Erkenntnissen der Wissenschaften, geschult in einer zeitgemäßen Moraltheologie wird in der Liturgie als einzige Freiheit die Predigt gewährt und evtl. noch das Aussuchen von Liedern. Ansonsten sind sie gehalten, ihre Meinung, wenn sie von kirchlichen Lehren abweicht, entweder zu verschweigen oder nicht zu laut zu sagen, schon gar nicht öffentlich, um niemanden ein Ärgernis zu geben. Diese Wortwahl vom „Ärgernis geben" ist eine beliebte Formulierung. Mitunter reicht es, dass Menschen sich anonym an einen Bischof wenden, wenn sie Ärgernis daran genommen haben, sollte etwa ein Priester sich für „Regenbogenfamilien" stark gemacht haben. Notfalls hat er dann durch sein Engagement für Unruhe gesorgt, die klassische Familie nicht gestützt und sich nicht als Diener der Einheit in der Kirche erwiesen.

Wenn am Ende der Gehorsam die höchste Disziplin ist, die gewünscht und verlangt wird, wenn es am Ende am meisten darauf ankommt, alle Aussagen des kirchlichen Lehramtes unhinterfragt zu übernehmen und zu verkünden, wenn in der Pastoral gemachte Erfahrungen kaum eine Rolle spielen und darum nicht abgefragt werden: Wofür lässt man dann Menschen so lange eine teure Ausbildung durchlaufen?

In den Tagen, in denen ich diese Zeilen schrieb, nahm ich an einer zweistündig angesetzten digitalen Veranstaltung teil, zusammengesetzt aus vielleicht 8–10 Menschen, die in den Gemeinden arbeiten, und vier weitere Teilnehmende aus dem Generalvikariat. Zu Beginn hieß es wortreich, man wolle zuhören, unsere Erfahrungen sammeln, die aber dann gar nicht gefragt waren. Stattdessen spielten sich in den ersten 60 Minuten die vier Mitarbeitenden des Generalvikariates gegenseitig die Bälle zu und dozierten wirklich eine Stunde lang zum angesetzten Thema. Dann setzte das übliche „Huch, jetzt ist schon eine Stunde vergangen" mit der Ansage ein, nun müsse man aber ins Gespräch kommen. Das Gespräch hatte dann noch einmal mindestens einen 30-Minuten-Anteil bei den Mitarbeitenden des Generalvikariates. Äußerungen der anderen 8–10 Teilnehmenden riefen eher eine Verteidigung des vorher schon Gesagten hervor. „Dialog auf Augenhöhe" nennt man das.

Tatsächlich: Nach solchen Gesprächen brauche ich auch eine kurze Auszeit. Entweder die frische Luft oder den Blick auf Begegnungen in den Gemeinden, in denen die Gesprächsanteile anders verteilt sind. Jedenfalls habe ich in den Jahrzehnten meiner Arbeit nicht die Erfahrung gemacht, dass die Bistumsleitungen ihre Mitarbeitenden in Schulen, Kitas und Gemeinden, in Bildungshäusern und allen anderen kirchlichen Einrichtungen als die Expertinnen und Experten aus der Praxis wahrnehmen.

Vor nun mehr sieben Jahren, als wir in unserem Seelsorgebereich eine sogenannte Pastoralvereinbarung schreiben mussten, haben wir etliche Gespräche geführt. Sehr gut erinnere ich mich an eines, bei dem wir uns am Ende fragten: Wenn jetzt der Bischof dabei gewesen wäre, und wir hätten all das genauso gesagt, was wäre seine Reaktion gewesen? Wie würde er damit umgehen? Schnell wuchs aus dem „wäre" und „würde" die Idee, ihn zu einem Gespräch im Pastoralteam einzuladen. Leider bekamen wir eine Absage.

Wegschweigen oder wegschreien

„Bedingt durch den bürokratischen Umgang durch die Diözesanleitung sowie der allgemeinen eher negativ getönten Stimmung unter den Klerikern ist die Frustration bei den Mitarbeiterinnen und Mitarbeitern groß. Manch einer überlegt, ob er noch in der richtigen Kirche ist, kommt in eine Sinnkrise oder überlegt sich, ob er nur noch Dienst nach Vorschrift macht, um selbst überleben zu können in der Kirche."

Das sagt am 07.02.2022 Corinna Paeth, Leiterin des Recollectio-Hauses in Münsterschwarzach und Psychologische Psychotherapeutin, auf *katholisch.de* in einem Interview. Und dann nennt sie weitere Themen, die Priester in eine Auszeit mitbringen: Frustration und Unverständnis, wie die Kirche mit sexuellem und seelischem Missbrauch umgeht, die immer größer werdenden Seelsorgebereiche, das ständige Gefühl von Überforderung, das Pflichtzölibat.[2]

All diese Themen kommen von außen. Sie sind hausgemacht. Die derzeitige Struktur der Kirche macht Menschen krank. Das Aufheben des Pflichtzölibats hätte vor Jahren schon eine personelle Entspannung gebracht und damit nicht so große Seelsorgebereiche entstehen und das Gefühl von Überforderung geringer werden lassen.

Als ich das Interview gelesen habe, habe ich mich gefragt: Was sagen die Verantwortungsträger, die Bischöfe dazu? Ihr Hinauszögern von Reformen, ihre Tabuisierung des Zölibates, ihr Abschieben von Verantwortungsübernahme für das Vertuschen von sexuellem Missbrauch in der Kirche werden glasklar mindestens als Stressfaktoren genannt.

Vor Corinna Paeth hat sich Wunibald Müller als früherer Leiter des Recollectio-Hauses mehrfach ähnlich geäußert. Mich macht das wütend: Man nimmt die Erkrankungen, die psychischen Belastungen eiskalt in Kauf. Meines Wissens sieht sich niemand genötigt, auf ein solches Interview zu reagieren. Es wird einfach weggeschwiegen.

Am Ende liegt es an den nicht belastbaren Priestern, für die einige deutsche Bistümer großzügig dieses Recollectio-Haus finanzieren, damit sie wieder auf die Beine kommen, halbwegs gesund werden und gesund bleiben, damit sie sozusagen geboostert sind in einem krankmachenden System. Manche erwischt es halt …

Wie soll man das nennen: Ins-offene-Messer-rennen-Lassen? Desinteresse am Leben und Wohlergehen des Einzelnen, der Mitarbeitenden?

„Gerade Priester und Ordenschristen haben das Dienen verinnerlicht – über ihre Grenzen hinaus. Sie werden angetrieben von ihrem inneren Kritiker und Perfektionisten." So Corinna Paeth weiter. Genau das ist es, was wir gelernt haben und was als Evangelischer Rat des Gehorsams „verkauft" wird. Ideale werden von außen so lange an Menschen herangetragen, bis sie verinnerlicht sind. Dann braucht es unter Umständen – wie entlastend – nicht mehr die Stimme eines Vorgesetzten. Die Stimme erklingt von selbst in einem. In dieser „Schule" erscheinen eigene Gedanken und Wahrnehmungen als falsch. Das anfänglich versuchte Äußern dieser Gedanken verstummt, um sich selbst – wenigstens in diesem Punkt – zu schützen und nicht das Gefühl zu haben, mit dem Kopf vor die Wand zu rennen.

Ich kann mich gut erinnern, wie wir – mir ist nicht mehr erinnerlich, ob während der Studienzeit oder in den ersten Jahren nach der Weihe – ein Gespräch mit dem damaligen Generalvikar des Erzbistums hatten und das Wort Priestermangel fiel. (Man muss dazu wissen, dass bis heute derartige Gespräche zumindest in kritischen Fragestellungen von Seiten der Priester gut vorbereitet werden: Wer fragt was in dem Setting, damit nicht einer allein die ganzen Reaktionen abbekommt; wie formulieren wir, um wenigstens etwas zu erreichen; was bringen wir ins Wort, ohne dass der Gesprächspartner sogleich dicht macht, um keine „Majestätsbeleidigung" zu riskieren.) Es war, als hätten wir eine Rakete gezündet. Sein Gesicht lief rot an, es wurde laut – und wir verstummten. Das ist mehr als Einschüchtern. Das suggeriert: „Ihr habt keine Ahnung. Was wollt ihr überhaupt?" Und es ist die Weise, wie man seine Mitarbeitenden ruhigstellt und diese letztlich „Dienst nach Vorschrift" machen, energie- und leidenschaftslos.

Philippa Rath brachte es in einem Wortbeitrag bei der 3. Versammlung des Synodalen Weges auf dem Punkt: Sie erzählte davon, dass sie von Ordensleuten gefragt worden sei, ob sie aus der Kirche austreten, aber im Orden bleiben können ... Wer Ohren hat, der höre.

Dialogversuche

„Erinnern Sie Ihre eigenen Bischöfe an das, was beschlossen wurde auf dem Synodalen Weg." Ich kann es gar nicht glauben, dass Bischof Bätzing diese Worte beim Katholikentag 2022 gesagt hat.

Soll ich jetzt annehmen, die Bischöfe, die erinnert werden müssen, sind vergesslich? Und was für eine Rolle wird denen zugeteilt, die erinnern sollen? Die Worte der hartnäckigen Witwe in einem der Gleichnisse Jesu, die einen Richter, der Gott nicht fürchtete und auf keinen Menschen Rücksicht nahm, immer wieder um Recht anflehte? Und der sich dann sagte: „Ich fürchte zwar Gott nicht und nehme auch auf keinen Menschen Rücksicht; trotzdem will ich dieser Witwe zu ihrem Recht verhelfen, denn sie lässt mich nicht in Ruhe. Sonst kommt sie am Ende noch und schlägt mich ins Gesicht."

Nein, liebe Bischöfe, keine Sorge: Euch schlägt keiner ins Gesicht. Euch bekniet auch niemand mehr als Bittstellerin und Bittsteller. Menschen lassen euch einfach links liegen. Sie gehen und finden die vielen Spuren Gottes ohne euch. Sie haben nämlich keine Energie mehr, für etwas einzutreten und zu kämpfen, wovon ihr am Ende doch nicht überzeugt seid – sonst würde es keiner Erinnerung bedürfen. Menschen finden ihre Glaubenswege ohne euch. Stab und Mitra beeindrucken nicht länger.

Und wenn man erinnert? Wenn man schreibt?

Am 07.06.2019 habe ich dem damaligen Vorsitzenden der Bischofskonferenz und meinem für mich zuständigen Bischof u. a. Folgendes geschrieben:

„Gestern war mein 27. Weihetag – und ich muss gestehen, die gegenwärtige kirchliche Situation wirft (nicht nur) mich aus der Bahn. Heute muss ich klar sagen: Diesen Weg würde ich heute nicht mehr gehen! Aber ich hoffe immer noch, morgen sagen zu können: Ich gehe wieder gern mit.

Die Bischöfe haben einen synodalen Weg versprochen. Seitdem dieses Wort im Raum ist, rätseln Menschen, was das ist und wie das geht. Die unterschiedlichsten Äußerungen seitens der Bischöfe und der Theologen sind zu hören: Kein Sonderweg für Deutschland, Frauenpriesterweihe möglich, dann wieder: Nein, geht gar nicht, da gibt es ein Machtwort. …

Wir verlieren rasant an Glaubwürdigkeit.

Ein Bericht heute im DLF über Missbrauch in Kamerun macht das Argument von Weltkirche nicht mehr glaubwürdig. Es steht doch alles auf dem Spiel. Stattdessen müssen wir uns im Rahmen der letzten Visitation im Herbst 2018 noch anhören, dass die Zölibatsfrage und die vielen anderen aufliegenden Fragen der Sexualmoral ausgerechnet mit Blick auf Afrika schwierig seien.

Die Fragen der Frauenpriesterweihe oder bestimmte Fragen der Sexualmoral sind doch nicht neu. Es gibt zahlreiche theologische Arbeiten und Positionierungen dazu.

Ich höre immer dann: Die ‚Rechten‘ in der Kirche sind so massiv. Wir wollen keine Spaltung. Wir wollen sie nicht verlieren. Wie viele Menschen haben wir schon verloren? Warum lassen wir uns so lähmen von den vermutlich wenigen, aber so lauten Rechten? Wir sehen doch in der Politik, was das bewirkt, wenn die anderen Parteien sich von den rechten Parteien tatsächlich ‚jagen' lassen ...

Ich höre von Kolleginnen und Kollegen und kann es auch von mir sagen: So ist es derzeit kaum aushaltbar. Jedes Reden von dieser Kirche als „Volk Gottes" bleibt mir im Halse stecken. Ich habe – ganz ehrlich – ein Alter erreicht, wo es kaum noch vorstellbar ist, einen anderen Beruf zu ergreifen. Das kann doch nicht der einzige Grund sein zu bleiben.

Ich war auf der Wolfsburg zu einem Abend mit Professor Goertz zum Thema Homosexualität und Kirche im Beisein des Essener Generalvikars und eines Weihbischofs. Ein deutlicher und guter Abend. Auch ein Signal, dass die Bischofsleitung vertreten war und sich positioniert. Fazit: Es sind ‚nur' Traditionsgründe, die für die derzeitige Bewertung und Abwertung der Homosexualität sprechen. Wir erleben, wie der Papst den Katechismus ändert in der Frage der Todesstrafe. Warum nicht auch in anstehenden Fragen der Sexualmoral? Wer setzt sich dafür ein? Die Zeiten von Einheitlichkeit sind in der Bischofskonferenz offensichtlich vorbei; also: Welch einen Wert hat es (in Rom), wenn sich einzelne Bischöfe positionieren?

Es sind Fragen, die jeden Gläubigen zutiefst betreffen. Wir reden drum herum. Wir eiern oder schweigen. Das können wir doch nicht wollen. Und Menschen leiden darunter.

Ich scheue mich nicht, von einer Leidensgeschichte bezüglich meiner Homosexualität zu sprechen – und sie ist durch die kirchliche Lehre verursacht. Diese Höllenangst, die Einsamkeit, das Nicht-wahrhaben-Wollen – und alle, die so veranlagt sind und irgendwie gläubig, bestätigen das. Wie lange noch? Und wen von den ‚Würden'-trägern interessiert das wirklich? Wer ist willens, sich diese Leidensgeschichten anzuhören? Auch sich anzuhören, wie Kollegen etwa mit meinem Outing umgehen, ausgerechnet solche, die – ich sag mal vorsichtig – ihren Weg gefunden haben, das Zölibat zu leben …

Es stimmt doch, was ein Berliner Therapeut sagt: In Fragen des Zölibates lässt die Kirche ihre Leute allein. Von Anfang an. …

Wie offen und erfahrungsbezogen kommen diese Fragen in den ‚Synodalen Weg‘, zumal es immer noch Bischöfe gibt, die behaupten, ohne den Zölibat hätten wir nicht mehr Priester. Ich sage, das ist gelogen. In unserem Pastoralverbund leben drei Männer unter 50, die gern noch als Priester arbeiten würden …

Ich würde nicht schreiben, wenn es mir nicht so weh täte, was geschieht.

Ich habe mit großer Überzeugung Freude an dem Beruf gehabt, dank meines damaligen Heimatpfarrers.

Mir kommen echt die Tränen, wenn ich sehe, wie ich seitdem Kirche und kirchliches Nein und kirchliche Unmenschlichkeit kennen gelernt habe. Es tut weh, das eigene Gesicht und Leben einer Einrichtung verschrieben zu haben, die so viele Menschen im Innersten verletzt.“

Ich erhielt von beiden keine Antwort.

Am 05.03.2022 habe ich es noch einmal versucht. Anlass war ein gemeinsames Schreiben des Erzbischofs mit dem geschäftsführenden Vorsitzenden des Priesterrates an alle Kleriker im Schatten des Münchener Missbrauchsgutachtens. Darin hieß es:

„Im Priesterrat haben wir uns intensiv mit den Auswirkungen der Missbrauchsstudien, der #OutInChurch-Initiative und anderer Themen in der Öffentlichkeit für die Priester und Diakone befasst ... die Themen hatten eine belastende und angespannte Situation entstehen lassen ...

Wir möchten es allen ans Herz legen, miteinander noch intensiver und ehrlich ins Gespräch zu kommen. Dafür müssen wir Gelegenheiten suchen und schaffen ...

Besinnen wir uns auf die uns zugesagte Wegbegleitung durch Christus! Er bleibt der Herr seiner Kirche. Er sitzt mit uns im Boot."

Ich habe den Brief als Dialogeinladung verstanden und darauf geantwortet und dem Schreiben angehängt, was in diesem Buch unter „Scham und mehr" nachzulesen ist:

„Die Auswirkungen der Missbrauchsstudie und der Initiative #OutInChurch werden in einem Atemzug benannt, dass sie eine belastende und angespannte Situation entstehen lassen. Ich unterstelle mal, dass dies nur unglücklich ausgedrückt ist. Das Belastende und Unerträgliche, was durch die Missbrauchsstudien, und hier wäre doch auch anzuführen, was durch Vertuschung und Nichtwahrnehmen von Verantwortung, was an Sympathie mit den Tätern und Übersehen der Opfer geschehen ist, stellt eine andere Unerträglichkeit da.

#OutInChurch, durch Jens Ehebrecht-Zumsande und mich initiiert, deckt anderes Leiden auf und sorgt allenfalls insofern für Belastung und Anspannung, als dass deutlich wird, wie wenig queere Menschen in der Kirche bis heute gesehen werden (transidente Menschen etwa werden immer noch totgeschwiegen), in welchen Ängsten sie leben und wie unbarmherzig das kirchliche Arbeitsrecht agiert hat.

Das Gemeinsame ist allenfalls eine Schuldgeschichte! Sie zu erwähnen ist Gebot der Stunde.

Weiterhin legen Sie, legst Du ans Herz, miteinander noch intensiver und ehrlich ins Gespräch zu kommen. Wo ging es denn bislang unehrlich zu?

In freundschaftlichen Gesprächen unter Kollegen jedenfalls nicht.

Und wo sind die hilfreichen Formate seitens des Erzbistums?

Wenn im jetzigen Brief die Bedeutsamkeit von intensiven und ehrlichen Gesprächen erwähnt wird: Welche Initiativen dazu ergreift das Bistum? Hier sind nicht nur Gespräche in den eigenen ‚Blasen‘ hilfreich, hier darf sich auch die Bistumsleitung nicht entziehen. Und die Frage bleibt, wie ehrlich in solchen Konstellationen gesprochen werden kann. Wie massiv die Angst immer noch herrscht, hat nicht zuletzt #OutInChurch deutlich gemacht.

Ich glaube allerdings auch, dass uns Stuhlkreise hier nicht weiterhelfen; wir reden auch und vor allem über systemische und strukturelle Probleme; das, was vielen zu schaffen macht, ist, was sie vorfinden, ist die Situation, in der sie stehen, ist das, was abverlangt wird. Reden im Sinne von: ‚Jetzt geht es wieder‘ löst die systemischen Ursachen nicht.

Ich glaube, Jesus sitzt im Boot der Missbrauchsopfer, der an den Rand gedrängten Menschen, der queeren Menschen, die bis heute durch Katechismus und Lehre gesagt bekommen, sie seien nicht in Ordnung, die bis heute sich von einem Kardinal (Cordes in seinem Buch: Wer nicht Gott gibt, gibt zu wenig) schwarz auf weiß sagen lassen müssen: ‚Homosexualität sei gottwidrig.‘“

Leider habe ich auch auf dieses Schreiben weder vom Erzbischof noch vom geschäftsführenden Vorsitzenden des Priesterrates eine Antwort erhalten.

Wie wohltuend anders die Emmauserzählung Jesus als den Nachfragenden, als den Interessierten, als den Mitgehenden beschreibt, wird mir aufgrund so mancher Erfahrungen immer kostbarer.

Wirklich gemeinsam unterwegs?
Mit wem gehen wir wie um?

„Er fragte sie"

Wie viel Jesus erträgt die Kirche heute?

Kirche fällt immer mehr in Bedeutungslosigkeit – heißt es schon länger in so manchen Kommentaren. Die vielen Austritte geben ihnen recht; dass Menschen kirchliche Lehren insbesondere in Fragen der Sexualität nicht erst seit gestern ignorieren, gibt ihnen recht. Das Vertuschen von Missbrauchsverbrechen und der Schutz der Institution und das Nicht-hören-und-sehen-Wollen der Opfer lässt es sogar als Bitte in uns aufsteigen: Diese Form von Kirche soll nicht nur bedeutungslos sein, sie muss eingehen.

Aber was hat Bedeutung?

Ende Januar 2022 hat die Kampagne *#OutInChurch* viele Menschen berührt und zwar unabhängig von der eigenen sexuellen Ausrichtung oder geschlechtlichen Identität. Queere Mitarbeitende in der Kirche zeigen sich, erzählen aus ihrem Leben, von ihren Verwundungen, von dem, wie sehr die kirchliche Lehre sie krank gemacht hat – und entwachsen zugleich einer passiven Rolle, indem sie Forderungen an die Kirche stellen.

Wunden sind immer sprechend und bedeutungsvoll. Das wissen wir spätestens seit Ostern, wo ausgerechnet die Wunden Christi von Auferstehung künden.

„Nun sprechen wir selbst", ist ein zentraler Satz in dem zur Kampagne gehörenden Manifest. Wir wollen nicht, dass man über uns spricht.

Selbst zu Wort kommen, selbst reden dürfen, eigentlich eine Selbstverständlichkeit, sogar Kern unseres Glaubens, wenn wir sagen: In Jesus kommt Gott selbst zu Wort und spricht sich aus – in der Kirche leider immer noch schwierig bis unmöglich, weil so manches gar nicht ins Wort kommen darf, ohne dass es Sanktionen gäbe.

Hätte Anfang 2019 nicht einer der deutschen Bischöfe (Bischof Overbeck) es als abwegig bezeichnet, homosexuelle Männer von der Priesterweihe auszuschließen, und sich damit über eine Maßgabe vom damaligen Papst Benedikt und vom heutigen Papst Franziskus gestellt, wäre bei mir nichts ins Rollen gekommen – und vielleicht hätte es *#OutInChurch* in dieser Weise nicht gegeben.

Ich habe das Wort des Bischofs damals als „Redeerlaubnis" empfunden, als Türöffner und bin bis heute dankbar dafür; denn es gibt Situationen, in denen wir darauf angewiesen sind, dass uns jemand von außen Türen öffnet, damit wir selbst aus uns herauskommen können.

Übrigens ist die Tür ein biblisches Bild für Jesus. Es sagt aus, dass er der das Leben und die Menschen Aufschließende ist, dass er von außen, vom Himmel kommt, um uns aus dem zu befreien, was uns unfrei macht.

Allerdings erblicken wir in Jesus auch einen, der nicht auf Erlaubnis wartet. Er geht mit dem, was er sich zu sagen erlaubt, auf volles Risiko. Im Lukasevangelium entkommt er der Gefahr, dass die Menschen ihn den Berg hinabstürzen wollten. Aber fallen gelassen haben sie ihn dennoch. Warum? Weil Jesus anders redet als erwartet, weil er anders ist als erwartet und als gewollt. Man stelle sich vor, was Lukas erzählt: In der Synagoge, da, wo die sich gläubig Wägenden sich versammeln, hebt er zwei Personen hervor, die die Einwohner Nazareths für ungläubig hielten. Es sind die Witwe in Sidon und der Syrer Naaman. Diese beiden wurden von den Propheten aufgesucht und haben ihnen geglaubt, was so viel heißt wie: Glaube wohnte da, wo man ihn nicht annahm, wo man ihn sogar absprach.

In dem Moment, da Jesus so spricht, will man ihn mundtot machen und umbringen. Heute sagen wir: Das damalige gläubige System ertrug Jesus nicht.

Wie viel Jesus erträgt die Kirche heute? Wie viele andere Worte, wie viel Anderssein, wie viel Vielfalt, wie viel Farbe? Wiederholt sich das „Fallenlassen" Jesu und seiner Worte nicht fortwährend?

Wird etwas dadurch wahrer, wenn es jemand Bestimmtes sagt?

„Aber diese Lebensform und dieses Männerbündische ziehen auch Leute an, die nicht geeignet sind, die sexuell unreif sind", sagte Kardinal Marx im Februar 2022 und spricht sich gleichzeitig in einem Interview dafür aus, das Priestertum nicht zwingend an das Zölibat zu knüpfen.

Nun wird ja etwas dadurch nicht wahrer, weil es ein Papst oder ein Kardinal sagt oder bestätigt. Darauf wartet niemand mehr. Dass das Priestertum die längste Zeit nicht an das Zölibat gebunden war, ist hinlänglich bekannt. Viele haben es schon vor Kardinal Marx gesagt, man lese nur das Buch von Hubert Wolf: *Zölibat*.[3]

Ich frage mich: Ist diese Erkenntnis bzgl. Männerbündnis und sexueller Unreife über Nacht gekommen? Hat man sie nicht (allzu gern und wissend!) in Kauf genommen, sogar gefördert, gewollt (denn die meiste Macht haben Menschen über Menschen, wenn sie Macht über ihr Intimleben, über ihre Sexualität haben), indem bis heute jede offene Rede über das Zölibat, über Zölibatsschwierigkeiten, Sexualität von Priestern, Partnerschaften, Beziehungs(un)fähigkeiten nicht möglich ist?

Im Raum von Denunziation und einer bis Anfang Februar zumindest im Erzbistum Paderborn herrschenden Unklarheit, ob gleichgeschlechtlich liebende, nicht klerikale Mitarbeitende bei einer Heirat ihren Beruf verlieren (was sie ja haben, wie in der ARD-Dokumentation *Wie Gott uns schuf* festgehalten), und in einer Atmosphäre des gewollten Wegschweigens von Themen, die die Sexualität von Priestern und Priesteramtskandidaten betreffen, jetzt mit einer solchen Erkenntnis zu kommen, dazu kann ich nur fragen: Für wie viele Priestergenerationen zu spät?

Wer ist überhaupt willens, sich die durch den Zölibat (durch sein Leben oder Brechen oder Ignorieren) verursachten Leidensgeschichten anzuhören? Die Energie, die diese Fragen gebunden hat und bindet, ist ein Verschwenden kostbarer Ressourcen, die in der wirklichen Seelsorge fehlen. In diesem Zusammenhang das Argument anzuführen, dass auch nicht die Ehe jedes Problem löst und dass etwa bei protestantischen Pfarrerinnen und Pfarrern auch Ehen zerbrächen, ist doch keine rechtfertigende Begründung für das Zölibat.

Im Protokoll des Paderborner Priesterrates vom Oktober 2018 (!!!) wird von einer Wortmeldung berichtet, die festhält, „dass es im Kreis von Mitbrüdern im Grunde nicht möglich ist, über das Gelingen und Misslingen dieser Lebensform zu reden, da der Zölibatsbruch kirchenrechtliche Konsequenzen nach sich zieht."

So wird das Zölibat zu einem Tabuthema und seine Thematisierung fast unmöglich. Weiter sind im Protokoll zwei Fragen eines Kollegen formuliert, deren Diskussion geschweige denn deren Beantwortung immer noch ausstehen:

„Die Kirche definiert den Zölibat als spirituelles Zeichen für die Welt: Hat der Zölibat die Priester wirklich näher zu Gott gebracht, macht der Zölibat aus Priestern wirklich Geistliche?

Durch den Zölibat erlebt der Priester bestimmte Lebensphasen nicht, die einen Menschen reifen lassen: Er wird weder Vater noch Ehemann. Formt der Zölibat Priester wirklich zu reifen erwachsenen Männern?"

Ich finde die beiden Fragen stark. Mir ist nicht erinnerlich, wie diese Fragen seitens des Priesterrates weiterverfolgt bzw. beantwortet wurden, oder wie, wenn überhaupt, sie eine Diskussion im Erzbistum initiiert haben. (Welch einen Wert haben dann aber derartige Sitzungen?)

Solange Kirche und kirchliche Mitarbeitende (und natürlich alle anderen auch) aus Angst schweigen, solange Menschen in diesen Fragen nicht ehrlich sind und sein können, reden Bischöfe und Gelehrte ÜBER etwas. Wenn ein Bischof nicht weiß, wie viele der Priester das Zölibat befürworten, vielleicht genauer: leben (denn es gibt auch das Paradox, etwas nach außen hin zu befürworten, was ich selbst nicht lebe), wie soll er dann in dieser Frage eine Haltung, eine Position einnehmen, die vom Menschen ausgeht?

Das sind alles keine neuen Fragen, nein, beileibe nicht! Offensichtlich darf man sie gerade einmal stellen, mehr scheint nicht vorgesehen.

Vom Reden um den heißen Brei: das Zölibat

Da das Zölibat mich nicht nur als Thema seit 40 Jahren beschäftigt, lese ich mit Erstaunen und Dank, was Andreas Püttmann am 17.02.2022 als Standpunkt auf dem Internetportal *katholisch.de* schreibt. Offensichtlicher Auslöser war ein *Tagespost*-Interview mit Bischof Voderholzer, in dem dieser als Argument gegen das in den Ostkirchen praktizierte Zölibats-Modell angeführt hatte: „Wenn ein Weltpriester unter diesen Voraussetzungen freiwillig den Zölibat wählte, setzte er sich zwangsläufig dem Verdacht aus, entweder homosexuell zu sein oder Bischof werden zu wollen."

Püttmann reagierte darauf, und sein Standpunkt lohnt sich, fast in Gänze zitiert zu werden:

„Mal abgesehen von der Angemessenheit des Begriffs ‚Verdacht': Wieso sollte der nicht auch aufkommen können, wenn man ausschließlich Männer zur Weihe zulässt, die sich den Verzicht auf Ehe und Familie zutrauen? Dass diese Entsagung heterosexuelle Kandidaten häufiger abschreckt als homosexuelle, liegt nicht fern, selbst wenn man neuerdings auch gleichgeschlechtlich heiraten kann. Und die empirischen Hinweise darauf, dass es weit mehr Homosexuelle im Klerus gibt, als es dem gesellschaftlichen Durchschnitt entspräche, sind mittlerweile auch ohne Outing-Aktionen erdrückend. ...

Was die liberale Gesellschaft eher achselzuckend registrieren mag, gerät für die katholische Kirche selbst zur Aporie, solange sie einerseits weiter verkündet, die gleichgeschlechtliche Neigung sei ‚objektiv ungeordnet' und Homosexuellen ‚mit Mitleid' zu begegnen, andererseits aber, dass Priester höchstpersönlich von Gott berufen seien. Irgendwas passt doch nicht zusammen im ‚magischen Dreieck' von Sexuallehre, Berufungstheologie und realer Priesterschaft. Man kann das Zölibatsthema nicht redlich behandeln, ohne sich hier ehrlich zu machen: Viel zu lange schon lebt die Kirche mit der Lebenslüge, überhaupt keine schwulen Priester haben zu wollen und zugleich bis in die Spitze hinein reichlich von ihnen bevölkert zu werden. ...

Es gibt wahrlich gute Argumente für den Zölibat, derer sich manche seiner Gegner allzu leichtfüßig entledigen. Kommt aber eine Kirche mit doppeltem Boden dabei heraus, deren Logik vorne und hinten nicht stimmen kann, und lösen Konservative die Widersprüche kurzerhand durch Realitätsleugnung oder Zetern über eine ‚Homo-Lobby‘, die man nur zerschlagen müsse, dann bedarf es einer freimütigeren Diskussion auch von ganz oben her: Beruft Gott doch nicht in den Priesterdienst? Oder hat er offenbar doch nichts gegen schwule Priester? ... Jedenfalls ist die Warnung vor einem Homosexualitäts-Verdacht bei freier Zölibatswahl nicht nur ein schwaches Argument für den Pflichtzölibat, sondern sie legt unfreiwillig auch eine Folge dieses Selektionskriteriums für die Priesterweihe offen. Das kollektive Beschweigen des ‚weißen Elefanten im Raum‘ muss ein Ende haben."[4]

Ehrliche Diskussionen und Auseinandersetzungen in der Zölibatsfrage habe ich offiziell noch nicht erlebt (allenfalls unter ganz, ganz guten Freunden). Es fängt bei der Begrifflichkeit an, und ich stelle diese Frage ganz bewusst sehr deutlich: Verstehen wir unter Zölibat völlige Enthaltsamkeit von sexuellen Handlungen (auch mit oder an sich selbst) oder das Unterlassen von sexuellen Handlungen mit einer Partnerin oder einem Partner? Dass diese Frage kaum beantwortet wird bzw. ein peinliches Schweigen hervorruft, geschweige denn, dass man (als Bischof) daran interessiert wäre, wie viele der Priester sich an die eine und / oder an die andere Verstehensvariante tatsächlich halten, macht überdeutlich, dass ein ernsthaftes Interesse an diesem Thema, das mehr als ein „Thema" ist, nicht gegeben ist. Darüber hinaus wird es dem Zölibat nicht gerecht, es auf genitale Handlungen zu reduzieren. Sollte das sein Sinn sein? Die Frage danach, wie tief oder wie weit Berührungen gehen?

Der Einzige, der mir in dieser Frage wirklich weitergeholfen hat und weiterhilft, ist erneut Eugen Drewermann. Er schlägt vor, nicht vom Zölibat zu reden, sondern von einer keuschen Lebensführung und dies in einem umfänglichen Sinn. Drewermann lenkt den Blick weg von sexuellen Handlungen (welch ein Wort ...) und regt als Frage an: Wie rein, wie lauter sind überhaupt deine Begegnungen als Priester (ebenso als Mensch) mit anderen Menschen? Sind sie von eigenen Erwartungen getrübt? Kannst du ganz bei deinem Gegenüber, bei deinem Nächsten sein? Brauchst du Menschen möglicherweise zur eigenen Bestätigung, die dir versichert, auf dem richtigen Weg zu sein? Brauchst du sie, damit sie dein Selbstwertgefühl stützen und steigern? Wie gehst du mit deiner Macht um? Wie offen bist du für Ideen und Gedanken anderer?

Könnte es nicht sogar sein, dass eine gelungene Beziehung oder Partnerschaft einen Priester im Umgang mit Menschen freier macht? (Natürlich ist auch hier vom Gelingen auszugehen wie bei jeder anderen geschlossenen Ehe auch. Die Frage oder die Befürchtung, was passiert, wenn eine Priesterehe in die Brüche geht, trägt überhaupt nichts zur Diskussion, geschweige denn zum Festhalten an der Verbindung Priestertum und Zölibat bei.) Und dass gerade diese Freiheit zu einer klaren Umgangsweise mit Menschen führt, die dann tatsächlich ein „Zeugnis für das Himmelreich" darstellt?

Wie viel Energie will die Kirche eigentlich in dieser Diskussion noch verschwenden, wie viele Lügen in Kauf nehmen, wie viele Berufungen unentdeckt lassen oder nicht anerkennen?

In der Auseinandersetzung mit diesen Fragen und mit mir selbst habe ich viel Zeit verloren; gewinnbringend war dies selten.

Weil neuerdings auch öfter wieder die zölibatäre Lebensform als die Lebensweise Jesu vorgestellt wird: Wäre sein Kreuzestod geringer, seine Worte unwahrer, seine Wundergeschichten unmöglich, hätte es eine Frau (oder einen Mann) an seiner Seite gegeben? Natürlich nicht! Worüber reden wir also dann?

Noch verdrehter wird es, wenn bei Fortbildungstagen die Frage zu hören ist, ob der Priestermangel nicht derzeit eine Form von „Gotteslehre" sein kann: Als noch genügend Priester in den Gemeinden arbeiteten, wäre die Frage nach dem, was mit der Taufberufung einhergeht, nicht geklärt gewesen. U. a. der Priestermangel zwänge uns jetzt, genau darüber nachzudenken und die Getauften „mit ins Boot" zu holen, nicht als Lückenbüßer oder als einstweilen Delegierte, sondern als solche, die aus der Taufe heraus das Recht wie die Befähigung haben, teilzuhaben.

Loben solche Worte nicht eher den Tag vor dem Abend? „Verzwecken" von Not oder Mangel hat immer etwas Menschenunwürdiges, es nimmt Leiden von Menschen in Kauf, wenn man sagte, nur so könne etwas Neues wachsen. (Oder sind die priesterlichen Dienste am Ende doch nicht so wichtig gewesen, und sollte man all jenen, die sonntags keine Eucharistie feiern oder die in Krankheit das Sakrament der Krankensalbung nicht empfangen können, sagen: „Das sehen wir heute anders; das geht auch anders"? … Und gleichzeitig führen wir dort, wo genügend Priester sind, das alte Programm fort?)

Mit Verlaub: 2000 Jahre Christentum haben wer weiß wie viele Reflexionen über die Weihesakramente hervorgerufen.

Welch ein Armutszeugnis ist der Gedanke, die Taufberufung stecke oder steckt noch in den Kinderschuhen – oder wie arrogant: Wir hatten es bloß bisher nicht nötig …

Wer nimmt hier wen „mit ins Boot"? Wehren sich Menschen nicht zu Recht gegen eine sie „vereinnahmende Theologie"? Ist nicht Jesus eher „ins Boot" der Menschen gestiegen?

Radikaler und das Ergebnis offen lassend erscheinen mir Beschreibungen der Gegenwart, wie ich sie ebenfalls von einer Fortbildung in Erinnerung habe, als jemand (Gotthard Fuchs) sagte, die gegenwärtige Situation der Kirche sei das „Gericht Gottes über die Klerikerkirche". Jetzt zeigt sich, wohin Wege führen, die man gegangen ist. Jetzt rächt sich, dass der Geist Jesu in vielen Auseinandersetzungen und Diskussionen, in vielen Regelungen und Lehren keinen Raum hatte. Jetzt stellen die Konsequenzen vor die Herausforderung, sich zu alldem zu verhalten. Es lässt sich nicht mehr weg- oder schönreden. Dabei sind Bleiben (in der Kirche) oder Gehen (Austreten) längst nicht mehr die sich widersprechenden Alternativen. Manche, die gehen, sind dem Evangelium treuer als manche, die bleiben. Und umgekehrt. Die Mauern sind gefallen, die Grenzen offen …

Ein Entschuldigungsritual

Ein Entschuldigungsritual ist auf der 3. Vollversammlung des Synodalen Weges im Februar ins Gespräch gekommen. Bei den ersten Wortmeldungen, die ein solches Ritual hinsichtlich des Umgangs der Kirche mit Frauen und mit queeren Menschen, ebenso aber auch mit geschiedenen Menschen, die neu geheiratet haben, fordern, geht mir das Herz auf. Aber wie soll das aussehen? Und trifft es das Wort „Entschuldigung" oder „Entschuldigungsbitte"?

So manche Teilnehmende auf dem Synodalen Weg, die von der Richtigkeit der gegenwärtigen kirchlichen (Sexual-)Lehre überzeugt sind, können keine Schuld darin sehen, diese Lehre verkündet und angewandt zu haben.

Da müsste doch erst die Erkenntnis wachsen, dass die Lehre falsch ist.

Ich gehe davon aus, dass die Ahnung, nicht mehr Haltbares zu lehren, wächst und dass aus Feigheit und Loyalität, aus fehlendem Mut zum Widerstand gegenüber den Nächsthöheren in der Kirche linientreu gehandelt wird.

Ich kann das bis zu einem gewissen Punkt verstehen. Ich erinnere mich an so manche Beichte, in der Menschen alle vier Wochen auftauchten, weil sie innerhalb dieser vier Wochen dreimal „Unkeusches gesehen" oder sich viermal „unkeusch berührt" hatten. Ich habe versucht, die oftmals damit verbundene Höllenangst zu nehmen. Aber ich habe es unterlassen, mit den so Beichtenden ein längeres Gespräch zu führen oder derartige Themen in Predigten anzusprechen, um zumindest die Fixierung auf das sechste Gebot aufzubrechen und das Augenmerk stattdessen auf das Hauptgebot der Liebe zu lenken. Oder ganz einfach: Ich habe es unterlassen, gemeinsam hinzuschauen, was menschlicher Trieb ist und was wann beginnen kann, Sünde zu sein. Ich habe mich selbst teilweise herausgeredet und gesagt: Menschen im Alter von 70 oder 80 Jahren verändere ich nicht mehr – und habe es in Kauf genommen, dass sie weiter unter Höllenängsten litten, indem ich zwar die Lossprechung gegeben, aber vielfach über das Gesagte hinweggegangen bin. Diese nicht ermöglichten Gespräche verfolgen mich bis heute.

Zurück zum Entschuldigungsritual: Ein solches ist doch kein Radiergummi. Der Bleistift ist so stark auf das Papier aufgetragen, das Blei liegt so schwer auf vielen Seelen, da bleibt viel zurück. Wenn man zur Kenntnis nimmt, dass man in der Kirche immer und immer wieder gesagt hat (und sagt), Homosexualität sei in sich nicht in Ordnung, dass sie der Natur widerspreche, gotteswidrig sei (so wie schon erwähnt Bischof Cordes noch in seinem 2021 erschienenen Buch *Wer nicht Gott gibt, gibt zu wenig*, das alle Kleriker im Erzbistum Paderborn zu Weihnachten vom Erzbischof geschenkt bekommen haben), und dass man das Leben von Homosexualität in einer Partnerschaft ebenso wie Selbstbefriedigung als Todsünde hingestellt hat (und immer noch hinstellt), dann wird das ganze dadurch verursachte Leid erahnbar, die mitunter hervorgerufenen Suizidgedanken, der auf diese Weise eingesäte Selbsthass und die so installierte Selbstablehnung: Da fällt mir kein Entschuldigungsritual ein, das dies alles zumindest auffangen könnte.

Natürlich leben wir von der Vergebung und von der Hoffnung auf Heilung. Doch dazu müssen die Wunden und die Verwundungen in den Blick kommen – und ich muss sie aushalten.

Für mich ist es alljährlich eine große Herausforderung, am Karfreitag das Kreuz „zu erheben", es hochzuhalten.

Abgesehen davon, dass das Kreuz, das ich in der Kirche dafür nehme, wirklich sehr schwer ist, fällt es mir auch schwer. Es ist doch eine einzige Wunde, zunächst ein schreckliches Zeichen, das zeigt, wozu wir Menschen „im Namen Gottes" fähig und willens sind. Am Karfreitag versuchen wir hinzuschauen und weichen nicht aus. Unerträglich. Das können wir nicht wiedergutmachen.

Und dann höre ich das erlösende Wort an Ostern: Friede sei mit euch. Ich begreife mehr und mehr, was damit gemeint ist, dass es kein Ostern ohne Karfreitag gibt: sich den Wunden und Verletzungen stellen.

Das alljährliche „Entschuldigungsritual" des Karfreitag nimmt das Leiden in den Blick. Mehr geht nicht, das ist das Höchste: Leidensgeschichten hören.

Ich denke an den Kollegen von mir, der nach der Veröffentlichung des Münchener Gutachtens zu den Missbrauchsverbrechen im Erzbistum genau das versucht hat: drei Wochen keine Sonntagseucharistie, stattdessen Lesen aus dem Gutachten, Leidensgeschichten hören. Mich ärgert, wenn dann seitens des Bistums oder auch von Kollegen zu hören ist, dass die Eucharistie instrumentalisiert wird und dass das nicht ginge, anstatt ins Wort zu bringen, was an diesem Tun zu würdigen wäre, weil es die Karfreitagserfahrung ernst nimmt …

Mich spricht das Aussetzen der Eucharistie zugunsten der leidvollen Missbrauchsgeschichten total an. Ich habe den Mut nicht, es genauso zu tun.

Zutrauen

„Dann gingen einige von uns zum Grab und fanden es so, wie die Frauen gesagt hatten"

Paradigmenwechsel

Mir geht in diesen Tagen immer wieder ein Wort von Eugen Drewermann durch den Kopf. Er erzählte, wie ihm in den ersten Tagen nach seiner Weihe an einem sonnigen Tag in einem Kurort ein Mann begegnet sei und ihm tränenüberströmt davon erzählt habe, dass er – als Verheirateter – fremd gegangen sei, und nicht nur das, dass er sich auch noch neu verliebt habe. Dieses Beispiel führte Drewermann immer wieder mit der Frage an: Was hätte ich als Priester tun sollen? Sagen, dass die kirchliche Lehre von der ehelichen Treue ganz klar ist, dass er sich zusammenreißen müsse, die Frau nicht mehr wiedersehen dürfe? All das wusste ja der Ehemann. Oder wäre es nötig, gemeinsam zu schauen, was dem Ehemann bislang vielleicht gefehlt hatte, zumal er eines ganz bestimmt nicht wollte: seine eigene Frau verletzen? „Ich musste mich entscheiden", so habe ich Drewermann im Ohr, „stehe ich auf der Seite der kirchlichen Lehre oder setze ich mich zu dem Mann und wir beginnen einen Weg, von dem nicht klar ist, was dabei herauskommt?"

„Setze ich mich zu dem Mann?" – So wie ich Jesus verstehe, bedarf es gar keiner Frage, wenn er sich niedergelassen hat als „Freund der Zöllner und Sünder". Schon seine Menschwerdung ist ein Sich-Festsetzen bei uns Menschen; er ist nicht gekommen, um wieder zu gehen, sondern um zu bleiben.

Im Rahmen der Beratungen des Synodalen Weges fiel öfter das Wort vom Paradigmenwechsel. Ich finde, dass dieses Wort viel zusammenfasst und eine grundsätzliche Frage aufwirft: Wovon gehe ich aus? Vom jeweiligen Menschen, der gerade vor mir ist oder von einer gefassten Lehre (die im Übrigen immer im Fluss ist)? Wenn ich an die Geschichte vom Ährenraufen der Jünger am Sabbat denke und daran, dass Jesus in diesem Zusammenhang sagt: Der Sabbat ist für den Menschen da, der Mensch nicht für den Sabbat, dann sehe ich den Paradigmenwechsel längst vollzogen und die Frage beantwortet, wovon auszugehen ist. (Man übertrage dieses Sabbatwort nur mal auf die Ehe: Die Ehe ist für den Menschen da und nicht der Mensch für die Ehe ...)

Mit Blick auf diese glasklaren Texte in der Bibel fällt es mir schwer, in einer Institution zu arbeiten, die diese Praxis Jesu wieder aufgegeben hat und versucht, die Lehre über die Menschen zu stellen, zum Beispiel beim Ausschluss von Frauen von den Weihesakramenten oder in der Verweigerung der Anerkenntnis, dass es nicht-binäre Menschen oder Trans-Menschen gibt. Stattdessen steht über allem eine den heutigen wissenschaftlichen Erkenntnissen nicht mehr standhalten könnende Lehre. Und selbst wenn sie standhalten könnte wie etwa das Sabbat-Gebot, erkenne ich in Jesus das Bemühen, dieses Gebot so auszulegen und zu leben, dass es von der Bedürftigkeit, vom Hunger des Menschen ausgeht: Was gibt Gott wirklich die Ehre? Ein schmerzerfüllter Mensch?

Als Mara Klein auf der 3. Vollversammlung des Synodalen Weges unter Tränen von ihrem Schmerz sprach, als nicht-binärer Mensch von den Weihesakramenten ausgeschlossen zu sein, dachte ich an das Ährenraufen, daran, wie Prinzipien über den Menschen gestellt werden. Und ich verstehe es nicht nur nicht, ich kann darin auch kein Handeln im Geist Christi erkennen.

Noch ein Paradigmenwechsel: Nicht du bist gesandt, sondern der dir begegnende Mensch.

Wenn ich an Kirche denke, habe ich oft das Gefühl, dass Menschen eine bestimmte Form von Religiosität und von

Glauben übergestülpt wird; es wirkt wie von außen herangetragen und passt nicht zu ihnen. Das fängt bei der Sprache
an – und betrifft Inhalte nicht minder: Sie haben den Anschein
wie die Mode aus vergangenen Jahrhunderten, die man ausstel-
len kann, die man sich ansieht, mit der man möglicherweise
eine nostalgische Modenschau machen kann, aber in der kein
Mensch mehr herumläuft. Ich empfinde dies beispielsweise
besonders stark bei dem nach wie vor ausschließlich binären
Menschenbild der Kirche, das dem Erleben von Menschen, die
mit weiblichen und männlichen Geschlechtsmerkmalen zur
Welt kommen, nicht gerecht wird und auch jenen nicht, die
sich einem von beiden Geschlechtern nicht zuordnen können.
Menschen zwängen sich nicht mehr in hingehaltene Formen,
die ihnen nicht entsprechen, sie umgeben sich nicht mehr mit
dem, was nicht zu ihnen passt. Auch darum wird die Milieu-
verengung, die wir in der Kirche erleben, immer gravierender.
Wir tun in den Kirchen so, als sei Gott wie ein Gegenstand, den
man von außen bringen kann. Wäre er darum nur dann bei den
Menschen, wenn er ihnen gebracht wird? Und hätte der, der
ihn bringt, ihn in der Hand? Mir liegt näher, zu glauben, dass
er überall ist, dass er da ist, dass er nicht erst gebracht werden
muss. Statt irgendetwas überzustülpen, gilt es, Religiosität frei-
zulegen, und mit ihr das, was Menschen ihr Leben grundlegend
bestimmt. „Missionieren" heißt, die Spuren Gottes im Leben
von Menschen aufzufinden und aufzunehmen. Ich nehme Jesus so wahr, dass er mit diesem Auftrag des Aufnehmens seine
Jünger sendet. Er schickt sie von sich weg und setzt darauf, dass
sie in seinem Sinn handeln. Er sammelt keine Fangemeinde um
sich, keine Gruppe, die ihm ständig Loblieder singt und jede
Woche das gleiche erzählt. Er sendet sie zu den Menschen mit

den Worten: „Esst, was man euch vorsetzt" (Lk 10,7). Lasst euch auf das ein, was ihr findet. Ihr kommt nicht als die Bringenden, sondern als die Empfangenden. Ihr zehrt von denen, die euch begegnen. Ich müsste mich arg täuschen, ginge es hier nur um die Speise und nicht vielmehr um die Menschen. Die von Jesus Gesandten sind nicht die reich Ausgestatteten, die Gebrieften, die Geschützen, die, die etwas zu bringen hätten. Sie selbst sind es, die sich bringen sollen. Sie sind die Botschaft in Person. Das, was sich an Verkündigung ereignet, ist nicht abhängig von dem, was Menschen mitbringen, es ist abhängig vom gegenseitigen Aufnehmen und Sich-aufeinander-Einlassen.

Es gibt nicht die Verkündenden auf der einen und die Hörenden auf der anderen Seite, es gibt nicht die, die mit einem Gepäck des Wissens oder einem Gepäck der Überzeugung losgelassen werden. Aber es gibt Menschen, die sich gegenseitig etwas zu geben haben. Wie sich daraus Kirche entwickelt, muss nicht unsere Sorge sein; das ist die Sorge Gottes. Unsere Sorge ist, rauszugehen, anzunehmen, was wir vorfinden und was man uns vorsetzt. Wie paradox: Der, zu dem du gehst, der ist dir gesandt. Wenn du in ihm die Spur Gottes nicht findest, wird er sie bei dir auch nicht finden.

Demütige Bittsteller*innen

Ich finde die Diskussion für queere Menschen auch in der Synodalversammlung in großen Teilen demütigend und ahne, wie Frauen sich fühlen, wenn es um die Diskussionen um die Zulassung zu den Weiheämtern geht. Sie werden zu demütigen Bittstellerinnen degradiert. Wie tief müssen Frauen vor dem Lehramt, das immer wieder als Gegenargument ins Feld geführt wird, niederfallen? „Bitte, liebe Bischöfe, lasst uns Frauen doch auch Menschen sein, schaut nicht auf unsere geschlechtliche Identität, schaut auf unsere Begabungen, unseren Glauben!" Und ebenso: „Bitte, liebe Bischöfe, nehmt uns als queere Menschen wahr, sprecht uns nicht weiterhin ab, dass wir lieben und in Partnerschaft miteinander leben können, und sagt uns nicht länger, dass dies nicht Gottes Wille sei!"

Stattdessen gibt es Bischöfe wie den Eichstätter Bischof Gregor Maria Hanke, der in der 3. Vollversammlung des Synodalen Weges sich zu Wort meldete und erklärte, er verzichte darauf, seine Meinung gegen Segensfeiern für homosexuelle Paare zu begründen, um Anwesende nicht zu verletzen. Soll man da am Ende dankbar sein für so viel Taktgefühl? Wenn eine Lehre Menschen verletzt, weil diese durch sie diskriminiert werden, dann stimmt die Lehre nicht. Wie lautet ein Filmtitel aus den 1970er Jahren vom Regisseur Rosa von Praunheim: „Nicht der Homosexuelle ist pervers, sondern die Situation, in der er lebt."

Darüber hinaus empfinde ich diese Aussage von Bischof Hanke als unerträglich arrogant, denn sie besagt: Ich habe eine Wahrheit, die so hart ist, dass ich sie nicht aussprechen kann. Denn ihr könntet sie nicht ertragen. So wie ihr jetzt drauf seid, würde sie euch verletzen. Ihr müsst erst noch dahin kommen, die harte Kost der Wahrheit aufnehmen zu können.

Die gleiche Haltung wird all jenen entgegengebracht, die nach der Öffnung der Weiheämter für Frauen fragen: Ihr habt es noch nicht verstanden. Ihr müsst tiefer in die Geheimnisse eindringen. Ihr müsst euch sogar von eurer – dem Lehramt widersprechenden – Meinung abwenden und umkehren. Und geklärt ist die Frage eh durch Papst Johannes Paul II.

Wenn ich mit einem nüchternen Blick auf das Ganze schaue, frage ich mich, wie groß oder wirklich bedeutend diese Fragen für die Gesellschaft und für die Mehrzahl der Katholik*innen hierzulande sind. Ist es nicht so, dass wir hier Themen berühren oder diskutieren, die gesellschaftlich schon lange beantwortet sind und die der überwiegende Teil der Kirchenmitglieder in unserem Kulturkreis nicht nur überflüssig, sondern auch peinlich findet?

Offenbaren diese Fragestellungen, oder vielmehr ein gewisser kirchlicher Umgang mit ihnen, nicht am ehesten, worauf einige violett und rot gekleidete Herren der Kirche (auch manche schwarz gekleidete) am meisten fixiert sind: die Sexualität, die über allem hängt und die zur alles entscheidenden Kategorie wird? Zum „Markenkern" des Katholischen? Ich erblicke in den Entgegnungen mancher Bischöfe, in der kirchlichen Lehre selbst am stärksten eine Abwehrhaltung gegenüber dem, was am meisten Angst zu bereiten scheint. Eigene Probleme und Barrieren werden so zum Problem der anderen gemacht.

Den Frauen vorenthalten

Ich gebe es zu, die Frage nach den Weiheämtern für Frauen habe ich lange nicht gestellt. Es war halt so, wie es war. Schließlich begann ich in einer Zeit Messdiener zu werden, als selbst dieser Dienst Mädchen vorenthalten war. Man begründete dies damit, dass das Ministrantsein zwar nicht gerade eine Vorstufe zum priesterlichen Dienst sei, aber aus der Gruppe von Messdienern der eine oder andere dann doch ein Theologiestudium zumindest begonnen habe.

Heute denke ich: Was für ein Quatsch. Aber dieser Quatsch wurde hingenommen, einmal, weil es genügend Jungen für den Dienst gab, zum anderen, weil es den Jungen und mir auch nicht in den Sinn kam, zu sagen: Wenn keine Mädchen Messdienerin werden dürfen, dann werden wir Jungen es auch nicht. Die Macht der Gewohnheit, das hinlänglich Bekannte und aus heutiger Sicht allzu fadenscheinig Begründete hatte uns im Griff und die Frage nach Gerechtigkeit, geschweige denn Diskriminierung, gar nicht erst in den Sinn kommen lassen.

Wir dienten einfach und fanden nichts dabei. Und es war überall so. Warum etwas verändern? Der Gedanke, dass Mädchen genauso gern ministrieren würden und es mit Sicherheit genauso gut könnten, kam kaum jemandem.

Am 11. Juli 1992 bestätigte Papst Johannes Paul II., dass „alle Laien" im Canon 230 des kirchlichen Gesetzbuches von 1983 so zu interpretieren sei, dass auch Mädchen am Altar dienen dürfen. Offiziell hat der Vatikan den Ortsbischöfen erst 1994 die Möglichkeit eingeräumt, weibliche Messdiener zuzulassen. Bis dahin durften Frauen lediglich im Notfall als Antwortgeberinnen „aus der Ferne" tätig sein, keinesfalls aber an den Altar herantreten.

In den Gemeinden geändert hatte sich das schon vorher. Auf einmal ging es. Irgendwer wird es begonnen haben, der Schneeballeffekt setzte ein. Dann wurde es ganz schnell selbstverständlich und ist gar nicht mehr wegzudenken.

Ich kann mich nicht erinnern, dass jemand öffentlich gesagt hätte: „Was haben wir da für einen Unsinn gelebt und gelehrt?!"

Vermutlich lag für diejenigen, die Mädchen als Messdienerinnen ausschlossen, der Sinn darin, erst gar keine Begehrlichkeiten zu wecken: Würden Mädchen, würden Frauen liturgische

Gewänder anziehen und dem Altar nahe kommen, würde sicherlich der Wunsch in manchen bestärkt, auch Priesterin werden zu wollen. Fast zeitgleich erklärte darum Papst Johannes Paul II. im Apostolischen Schreiben *Ordinatio sacerdotalis*: „Damit also jeder Zweifel bezüglich der bedeutenden Angelegenheit, die die göttliche Verfassung der Kirche selbst betrifft, beseitigt wird, erkläre ich kraft meines Amtes, die Brüder zu stärken, dass die Kirche keinerlei Vollmacht hat, Frauen die Priesterweihe zu spenden, und dass sich alle Gläubigen der Kirche endgültig an diese Entscheidung zu halten haben."

Dies ist der – allerdings vielfach in Frage gestellte und auch mit theologischen Gründen kaum noch haltbare – lehramtliche Stand bis heute.

Von den Diskussionen in den 1980er und 1990er Jahren bekam ich als Theologiestudent kaum etwas mit. Im Rahmen der Vorlesungen und im Rahmen der geistlichen Vorträge im Konvikt tauchten diese Fragen nicht auf, oder besser gesagt: Sie wurden außen vor gehalten. Frauen gab es als die kochenden Ordensschwestern in der Küche und als die Zimmer reinigenden Putzkräfte und vielleicht noch im Sekretariat.

Das Ganze konnte sich halten, weil wir mitmachten: Zunächst, weil es halt so war, dann, weil es manche bis heute richtig finden und sich letztlich darauf berufen, dass Jesus ein Mann war und nur Männer als Apostel berufen hat – und weil es in der Kirchengeschichte dennoch wunderbare Frauen gibt auf Plätzen, die Männer ihnen gestattet haben. Nicht der Dienst am Volk Gottes, nicht Kirche als Sakrament des Heils, nicht die vorhandenen Begabungen sind das Kriterium, sondern ein Chromosom. Oder gehört es wesentlich und nicht anders denkbar zur Menschwerdung Gottes, dass das Wort *männliches*

Fleisch annimmt? Ja, selbst derartige Meinungen gibt es, welche die Mannwerdung über die Menschwerdung setzen ...

So peinlich und theologisch (wenn nicht gar menschen-) unwürdig ich derartige Begründungen empfinde, so sehr fühle ich mich an meine Zeit als Messdiener erinnert und denke: Habe ich eigentlich nichts dazugelernt? Für mich ist klar: Ein Gott, für den geschlechtliche Identität in der Frage der Berufung und überhaupt ausschlaggebend ist, kann für mein Empfinden nur von denen erdacht werden, deren Geschlecht bevorzugt erscheint. Ich glaube, das ist ein erdachter Gott. Er ist zu sehr von eigenen Vorstellungen und kulturellen Hintergründen geprägt. Dennoch „spiele" ich in gewisser Weise – und nicht nur in gewisser Weise – mit. Ich nehme etwas für mich dankbar an, was anderen, nur weil sie Frauen sind, vorenthalten wird. Um ein Bild zu gebrauchen: Wir sitzen an einer Kaffeetafel, und die eine Hälfte der Versammelten bekommt den aufwendigsten Kuchen, die anderen ein Diätplätzchen. Würde das nicht jede Kaffeetafel sprengen – und wäre es nicht zu wünschen, dass diejenigen, die den Kuchen bekommen, sagen: entweder alle oder keiner?

Trägt mein Bleiben und Mitmachen zur Veränderung bei oder hält und unterstützt es den Status quo?

Ein unruhig machendes Gebet

In regelmäßigen Abständen kommt es vor, dass das Messbuch folgendes Gebet vorsieht:

„Gütiger Gott, du hast uns das Brot des Himmels gegeben, damit Glaube, Hoffnung und Liebe in uns wachsen. Erhalte in uns das Verlangen nach diesem wahren Brot, das der Welt das

Leben gibt, und stärke uns mit jedem Wort, das aus deinem Mund hervorgeht."

Da dieses Gebet als Schlussgebet nach dem Kommunionempfang vorgesehen ist, ist mit dem „Brot des Himmels" das eucharistische Brot gemeint, die heilige Kommunion.

Oft suche ich ein anderes Gebet aus, denn dieses wirft viele Fragen auf. Wer ist „uns"? Die kleine „Elite", die sich von der Form, wie Kirche die Eucharistiefeier vorsieht, ansprechen lässt? Sie darf dieses Brot, das im Gebet als Leben gebend gepriesen wird, also als sehr wichtig, sehr kostbar, sehr bedeutsam, immer wieder empfangen? Wöchentlich? Täglich? Welch ein Blick fällt damit auf all jene, die nicht dabei sind? Haben sie es einfach noch nicht verstanden, oder lassen sie sich nicht ansprechen, weil sie Gott nicht lieben, keinen Hunger nach Jesus haben?

Und weiter gefragt: Wenn wir das ernst meinen mit der Bedeutsamkeit dieses Brotes: Was tun wir, um es möglichst vielen reichen zu können; was tun wir, damit möglichst viele die Eucharistie als sie nährend empfinden?

In meiner Zeit der Berufsausübung, also in den letzten mehr als 30 Jahren, ist die Zahl derer, die „Verlangen nach diesem wahren Brot" haben, deutlich geschrumpft. Unsere Form der Eucharistiefeier spricht die allermeisten nicht an. Das sehen wir schon lange; aber wir sehen darüber hinweg.

Ich erlebe deswegen keinerlei Unruhe in der Kirche. Vielmehr scheint man sich an das Schrumpfen gewöhnt zu haben und feiert als kleine Gemeinschaft das weiter, von dem man eigentlich meint, es habe für alle Bedeutung. Ist das eine Form von Egoismus: Ich bekomme ja, was ich brauche, und feiere es in der Form, die ich für angemessen halte? Pech haben die anderen. Ich muss mich nicht bewegen. Aufmachen müssen sich jene, die fernbleiben. Hauptsache mir, Hauptsache „uns" bleibt das Verlangen nach dem Brot, es immer wieder zu empfangen. Wer nicht dabei ist, ist selbst schuld.

Wäre es nicht christlich oder dem Vorbild Jesu entsprechender, den Fernbleibenden nachzugehen?

Wäre es nicht ein Ansatzpunkt, das Gleichnis zu leben, das davon erzählt, dass jemand 99 Schafe im Stich lässt, um das eine zu suchen? (Wobei die Mengenverhältnisse heute anders sind und sicherlich zu fragen ist, wer als „verloren" gilt und was das bedeuten soll.) Wer nachgeht, verlässt seine Position, ändert seinen Standpunkt. Ihm ist der Wert höher, dass möglichst viele Anteil an dem erhalten, was ihm als wichtig erscheint, als dass sich nur eine kleine Gruppe daran erfreut.

Richtig: Wer teilt, hat nicht mehr das Volle und Ungeteilte in den Händen. Aber lesen wir nicht immer wieder die Geschichte, in der Brote geteilt werden und am Ende alle satt sind?

Wie wäre diese Geschichte ausgegangen, wenn ein kleiner Kreis sich abgesondert, sich selbst genährt und die anderen außen vor gelassen hätte ... Sie wäre längst aus, diese Geschichte – und vermutlich spräche niemand mehr von Jesus.

Ist die Frage zu hart, ob wir in der Kirche nicht so manche biblische Geschichte verraten, lieber uns selbst feiern (immer noch auf Kosten anderer, auch derer, die noch Kirchensteuer zahlen und damit unsere Kirchen warm halten und die Gehälter des oftmals um sich selbst kreisenden Personals erhalten)?

Nein, wirkliche Unruhe ob solcher Fragen erlebe ich nicht. Schon deswegen nicht, weil sie kaum jemand stellt.

Ein anderer Geist

Es passiert immer wieder: Ich höre mir selbst beim Reden und noch näher beim Beten im Gottesdienst zu. Ich gehe innerlich auf Distanz. Ich möchte am liebsten schweigen.

Ich erschrecke vor mir selbst: Ist das innere Emigration, ein rein äußerliches Funktionieren, schon fast ein seelenloses Arbeiten? Lese ich nur noch ab, tue ich lediglich, was von mir erwartet wird? Wohnt mein Glaube in den Worten, die mir zu sprechen und zu beten aufgetragen sind, oder schlägt mein Herz sogar ganz woanders?

Tausend Gedanken schießen mir durch den Kopf, während mein Mund die bekannten und vorgesehenen Worte sagt. Und ich bekomme Bilder vor Augen, eines davon: Eine Riesentafel in der Kirche, Menschen sitzen beieinander, sind fröhlich, irgendwer liest ein Wort aus der Bibel, jemand anderes erzählt, wo und wie sie etwas von Gott erfährt.

„Fahr hinaus, wo es tief ist", sagt Jesus an einer Stelle im Lukasevangelium zu Petrus und fordert ihn nach einer Nacht der leeren Netze zum erneuten Fischen auf. Mir kommt ein Wort aus dem Psalm 139 in den Sinn: „Als ich geformt wurde im Dunkeln, kunstvoll gewirkt in den Tiefen der Erde ..." Kommt nicht alles Leben aus der Tiefe? Wird in Gesprächen nicht alles anders, wenn Menschen tief in sich hineinblicken lassen? Wenn sie etwas riskieren, den sicheren Hafen hinter sich lassen?

Wäre das nicht die Weise, wie wir heute Gottesdienst feiern müssen, mit Tiefgängen, indem wir uns erzählen, wo unser Leben leer und nutzlos erscheint (um im Bild der leeren Netze zu bleiben) und wo wir uns erzählen oder gemeinsam hinschauen, was tief in uns schlummert, was darauf wartet, gehoben zu werden? Lassen wir uns nicht unendliche Reichtümer entgehen, wenn wir nicht hinaus auf die See fahren? Selbst wenn uns dabei die Frage oder die Sorge begleitet: Das bringt vielleicht nichts?

Ich merke meine eigene Hemmschwelle: Wie tief lasse ich Menschen in mein Leben hineinschauen, wie wenig oder wie viel traue ich mich, in der Predigt „Ich" zu sagen? Dann denke ich an das Wort aus dem 2. Brief an die Korinther: „Denn wir verkündigen nicht uns selbst, sondern Christus Jesus." Gibt es in der Verkündigung den „objektiven" Christus oder geht nicht alles, was Menschen im Glauben sagen, durch sie hindurch (und muss durch sie hindurch gehen) mit der Gefahr von Einseitigkeiten, von Projektionen, von Missverständnissen …

Meine Gedanken landen wieder bei der riesigen Tafel. Wie ist das sonst bei Feiern, zu denen jede*r etwas mitbringt? Manche bringen das Gleiche mit, manche völlig Verschiedenes. Aber es reicht immer. Mehr noch: Es bereichert. Es wird zusammengelegt. Es verändert das Zusammenkommen. Ein anderer Geist weht.

Ich schaue in die Gesichter der Menschen. Da ist doch so viel Reichtum. Am liebsten würde ich im gewohnten Ablauf abbrechen. Statt einen einzelnen Gottesdienst mit 150 Menschen zu einer bestimmten Zeit zu feiern, wären viele Gottesdienste mit 20 Menschen zu verschiedenen Zeiten besser. Persönlicher, lebensnaher, vielstimmiger. Den ganzen Sonntag brennt Licht in der Kirche. Immer sind Menschen da, das Brot geht nicht aus.

Halt: Jetzt kommt das Sanctus-Lied …

Erahnende Hoffnung, die verbindet

„wie träge ist euer Herz"

Angesprochen

Wieder liegt die Bibelstelle vor mir, in der Jesus die Armen, die Hungernden, die Weinenden, die Ausgestoßenen seligpreist.

Bei der dritten Plenarversammlung des Synodalen Weges wurde über das „Lehramt der Betroffenen" diskutiert in der Absicht, dass Kirche den Missbrauchsopfern nicht eine Stimme gibt, sondern dass ihre Stimme von sich her Autorität für die Lehre der Kirche besitzt, dass in ihnen Christus selbst der Kirche entgegentritt. Die Synodalen haben sich dazu entschieden, dennoch auf die Formulierung vom „Lehramt der Betroffenen" zu verzichten, und einigten sich stattdessen auf diese Worte: Die Kirche „muss auf die Stimme derer hören, die von kirchlichem Machtmissbrauch betroffen waren und sind. In ihnen wird nach dem Zeugnis der Hl. Schrift (Mt 5,1–12; Mt 25,31–46) die Stimme Christi vernehmbar. Ihr Schrei ist ein besonderer ‚Locus theologicus' für unsere Zeit."

Bis zu einem gewissen Punkt kann ich Debatten wie diesen zuhören, aber irgendwann schalte ich ab. Ich verstehe das Ringen um Formulierungen, die klar und unmissverständlich sind. Entscheidend wird es allerdings nicht auf dem Papier, sondern im Alltag.

Nun sitze ich also vor dieser Bibelstelle und frage mich, was ich dazu am Sonntag predigen kann. Ich möchte nicht *über* die Armen, *über* die Weinenden sprechen. Ich erinnere mich an *meine* Tränen, beispielsweise an diese:

Es war während der Schulzeit. Ich war ziemlich korpulent, war damit nicht zufrieden und konnte es doch nicht ändern. Für die anderen Schüler, es war damals eine reine Jungenklasse, ein „gefundenes Fressen": Man konnte mich schnell einschüchtern und fertigmachen, die Außenseiterrolle war geschaffen.

Das Grausamste war der Sportunterricht wegen meiner Unbeweglichkeit, wegen meiner Schwerfälligkeit. Einmal war es besonders heftig. Zwei Mannschaften wurden gebildet, der Lehrer hatte die Bändchen vergessen, um kenntlich zu machen, wer in welcher Mannschaft spielt. Er kam auf die glorreiche Idee, dass eine Mannschaft dann mit freiem Oberkörper spielt. Dieser Mannschaft gehörte ich an. Es war ein Spießrutenlauf. Meine Mitschüler jagten mich durch die Halle, weil alles an mir wackelte, und hatten ihre helle Freude. Ich schämte mich. Mir wird heute noch anders, wenn ich daran denke.

Zeitgleich machte ich eine andere Erfahrung. Ich war Messdiener in der Kirche und fand darin einen Ort, wo ich sein konnte. Ich erlebte etwas völlig anderes. Hier wurden Messdiener nicht in Klamotten gesteckt, die ihnen nicht passten, das Gegenteil geschah: Hier wurde Messdienerkleidung erworben, die den Kindern und Jugendlichen passte. Niemand wurde bloßgestellt. Mein Heimatpastor sprach mich an, ob ich in den Ferien Küstervertretung machen wollte. Wie gern. Ich fühlte Bestätigung und Wertschätzung. Sie gab mir Kraft, die Schulzeit zu überstehen.

Ich weiß nicht, ob mein Heimatpastor damals „nur" einen Küster brauchte oder ob er unbewusst mitbekam, was mit mir los war. Manchmal denke ich, das Letztere war der Fall. Ich erlebte ihn als einen Menschen, der mir Raum gab, der mir diese Möglichkeit eingeräumt hat.

Das hat die Tränen nicht verhindert, aber ich bin darin nicht ertrunken. Es hat mir einen Weg eröffnet. Und darum fiel es mir nicht schwer, vieles von dem anzunehmen, was sonntags in der Kirche gepredigt wurde. Damals zumindest.

Bis heute ist das mein Bild von Kirche: keine blutleeren Diskussionen, sondern einfaches Tun. Denen einen Ort geben, die sonst (kaum) einen haben. Eindeutig Partei ergreifen. Hätte ich diese tiefgründige Erfahrung nicht, wäre ich nicht mehr in der Kirche.

Vom ungetrübten Blick

Noch eine Erinnerung kommt mir aus dem Sportunterricht. Ich weiß gar nicht, ob es derselbe Lehrer war. Es ist folgende Szene: Wir machten Übungen zum Basketballspielen. Eine bestand darin, den Ball mit einer bestimmten Technik in den Korb zu werfen. Da mir ja aus „gewichtigen" Gründen der Zugang zum Sport bis heute verschüttet ist, kann ich das an dieser Stelle vermutlich nicht korrekt beschreiben. Es tut auch nichts zur Sache.

Der Sportlehrer wollte bei dieser Übung, dass wir Schüler voneinander lernen. Und so ließ er jeden einzeln vortreten, und wir sollten bewerten, wie korrekt die Übung ausgeführt wurde und was man verbessern könnte.

Nun kämpfte ich im Sport meistens um eine Vier, was mir nicht immer gelang. Und das Bild meiner Mitschüler, auch das eigene Bild, das ich von mir hatte, war: Der kann das nicht. Zu sehr überschattete alles andere, worin ich im Sport nun wirklich schlecht war, auch diese Übung. Ich sah mich in der gleichen Schublade wie meine Mitschüler, und so drucksten sie und ich herum und benoteten meine vorgelegten Würfe mit einem schwachen Ausreichend.

Dann äußerte sich der Sportlehrer und gab mir eine völlig andere Note, eine Eins. (Die einzige jemals im Sport ...) Er sagte: Schaut nur auf diese Übung. Lasst alles andere beiseite. Die Technik war richtig.

Diese Szene kommt mir leider viel zu selten in den Sinn. Sie könnte mich lehren, das Schubladendenken aufzugeben, mich unvoreingenommen machen, meine Bilder und Eindrücke, die ich von Menschen habe, die ich auch von Menschen in gegenwärtigen Auseinandersetzungen um kirchliche Reizthemen habe, nicht wie ein Gefängnis sein zu lassen, aus dem niemand herauskommt. Sie ermutigt mich und gibt mir guten Grund, das im jeweiligen Augenblick Gesagte offen wahrzunehmen, ohne dass mir vergangene Erfahrungen und Tatsachen eine Brille aufsetzen, die meinen Blickwinkel begrenzt und meine Wahrnehmung trübt.

Weiterhin lehrt mich diese Szene, Menschen innerhalb ihrer Grenzen wahrzunehmen. Die Anstrengung und der Einsatz für ein möglicherweise mittelprächtiges Ergebnis kann bei dem einen Menschen bedeutend größer sein als bei jemand anderem, dem es einfach leichter von der Hand geht, der eine Glanzleistung hinlegt, ohne dafür allzu viel tun zu müssen.

Genauso sehe ich Jesus unterwegs: ein Auge habend für die individuellen Lebensgeschichten von Menschen, die persönlichen Wege und Voraussetzungen beim Blick auf das Ergebnis berücksichtigend. Dem widmet er sogar ein eigenes Gleichnis: das von den anvertrauten Talenten. Menschen sind unterschiedlich ausgestattet. Sie sind etwa ausgerüstet mit fünf oder mit zehn Talenten. Und am Ende muss nicht jede und jeder das gleiche Ergebnis abliefern, sondern den eigenen individuellen

Weg – gemäß dem von Gott Mitgegebenem – gehen und sich nicht überfordern.

Solch biblische Weisheitsgeschichten sind es, die uns im alltäglichen Miteinander menschlicher machen können. In jedem Fall sind es Geschichten, für die ich „Jesus um den Hals fallen" möchte; denn sie geben Mut und Selbstvertrauen. Sie helfen sich selbst anzunehmen.

Das ist eine der froh machenden Botschaften, die wir als Kirche in der Welt leben können, entscheidend wichtig und existentiell.

Den Hoffnungen von Menschen ein Haus bauen

Kirche konnte immer schon Medienschelte. Auch das ist ein Abschieben von Verantwortung: sich auf eine angeblich schlechte Berichterstattung der Medien über die Kirche zu berufen, und am Ende die „Journaille" verantwortlich zu machen dafür, dass es mit der Kirche bergab geht.

Ich mache eine ganz andere Erfahrung. Als wir mit *#OutInChurch* (einem Manifest von ursprünglich 125 sich outenden queeren Mitarbeitenden in der Kirche mit 7 Kernforderungen) an die Öffentlichkeit gingen, war gleich bei mehreren Presseanfragen zur Berichterstattung darüber zu hören: „Endlich können wir über die Kirche mal etwas Positives berichten. Endlich mal eine andere Schlagzeile."

Heißt das nicht, dass „die Medien" sich nicht nur nicht von vornherein negativ auf die Kirche eingeschossen haben, sondern dass sie das, was sich derzeit wie eine Selbstzerstörung von Kirche anfühlt, eben nicht noch zusätzlich befeuern wollen? Dass ihnen stattdessen sogar etwas an Kirche liegt, an ihrer Erneuerung und Veränderung?

Bevor die Mikros oder die Kamera eingeschaltet sind, bringen manche von ihnen das tatsächlich zur Sprache. Sie drücken ihre Solidarität mit bestimmten Anliegen aus und lernen – mitunter selbst nicht kirchennah – Kirche anders kennen. Es bleibt dann nicht bei dem, was sonst oft gesagt wird, zum Beispiel dass Kirche ja auch Krankenhäuser, Kitas und Schulen betreibt und dass das gut ist und irgendwie den Bestand von Kirche rechtfertigt – es geht schon tiefer.

In einer Anfrage heißt es sogar mit Blick auf die Kampagne *#OutInChurch*: „Vielleicht wäre ja jetzt die Chance, die Kirche mit diverseren Mitgliedern zu füllen, die auch ermutigt sind durch ihre Initiative und die die katholische Kirche doch wieder als Option sehen. Wir wollen fragen, was es dazu bräuchte, um diese Zielgruppe zu erreichen, wie sich die Kirche oder auch die Gottesdienste verändern müssten und wie realistisch es überhaupt ist, dass die katholische Kirche eines Tage wirklich divers wird."

Was ist das anderes als ein starkes „Außeninteresse" nicht nur an der Existenz von Kirche, sondern auch an ihrer Bedeutung und Relevanz? Es ist also vielen nicht egal, dass Menschen in der Kirche „wie die letzten Deppen" dastehen, dass Kirche selbst nur noch kommentiert wird mit: „Kannste vergessen!" Oder: „Lass mich damit in Ruhe!" (Ich hätte nie gedacht, wie sehr der Slogan meiner Schulzeit „Jesus ja – Kirche nein" Aktualität behält und wie diese sogar noch zunimmt.) Es gibt nicht nur die Schadenfreude über eine Institution, die allerdings in den letzten Jahrzehnten wirklich genug getan hat, um „alt und grau" zu erscheinen, um „Täterorganisation" genannt zu werden, die spätestens mit der 1968 herausgekommenen Enzyklika

Humanae Vitae von vielen Menschen in wesentlichen Fragen ihres Lebens nicht mehr ernst genommen werden konnte. Es gibt immer noch den starken Blick für das, was wachsen und werden könnte im Austausch mit den Menschen, die religiösen Halt suchen, die im Glauben Kraft erfahren, die die Vision einer anderen Welt wach halten, die menschlich ist und liebevoll, die nicht nach der Devise lebt „Auge um Auge", die sich Sinn stiftend ins Leben einbringt und hineinstürzt und den Hoffnungen von Menschen ein Haus baut.

Über Macht muss gesprochen werden

Auf unserem Emmausweg, den wir gehen, werden wir aufmerksam und sensibel. Spätestens seit der MHG-Studie darf in der Kirche über Macht gesprochen werden. Denn Machtmissbrauch (in der Kirche) hat so viel körperliches und seelisches Leid hervorgerufen.

Ich erinnere mich gut an eine Fortbildung, bei der der Referent (meistens waren es tatsächlich Männer) lange Zeit vorher und im geschützten Rahmen von der Macht der Priester in der Liturgie sprach. Er sagte: „In dem Moment, wo du das Kreuzzeichen machst, wo der Gottesdienst beginnt, übst du Macht aus: Was sagst du? Wie sagst du es? Was lässt du an Elementen zu? Wen beziehst du ein? Welche Lieder werden gesungen? Was sprichst du in der Predigt an? Was verschweigst du?"

Bei mir setzte sich dieser Gedanke, setzten sich diese Fragen sofort fest. In der Kirche haben wir gelernt, das Ganze verklausuliert auszudrücken und hinzunehmen: Der „Hirte" führt seine Schafe (bei der Gelegenheit: Wer will Schaf sein?), der „Vorsteher" hat Verantwortung (notfalls für den „rechten"

Glauben). Dann klingt es natürlich leichter verdaulich, und die Macht wird sogar zum „Dienst".

Seit der erwähnten Fortbildung lassen mich diese Fragen nicht los. Etwas kenne ich mich und merke, wie ich selbst in meiner Arbeit davon abhängig bin, wie es mir geht und was mich beschäftigt. Einerseits ziehe ich im Gottesdienst das Gewand an, dessen Idee ja ist, dass der Mensch dahinter verschwindet, weil es auf die Botschaft ankommt und nicht auf den Boten; andererseits ist das ein Ding der Unmöglichkeit. Es sei denn, wir würden jeden Sonntag Hirtenworte der Bischöfe monoton verlesen und ansonsten auf alle nur denkbaren Fragen mit vorgefertigten Antworten kommen (leider ist Letzteres mitunter so). Ich kann mich nicht heraushalten – und wenn ich das Gleichnis von den anvertrauten Talenten richtig verstehe, soll ich es auch nicht.

Die Machtfrage wurde bislang am meisten zugelassen in der Frage der Hochgebete: Darf man sie geringfügig verändern? Nein, sagen die einen und werfen denen, die es tun, vor, Menschen dem eigenen „Wortschwall" auszusetzen, dem eigenen Verständnis und vielleicht auch Missverständnis. Ja, sagen die anderen und erklären, auch dieses zentrale Gebet der Kirche brauche einen „spielerischen" Umgang, wie wir es etwa im Brauch des Kreuzverhüllens bis Karfreitag kennen: das Weglassen, Verbergen oder Hervorheben. Eine behutsame Interpretation im Geist des Ganzen lässt neu hinhören und mitbeten, zumal Eucharistie nicht von magischen Formeln lebt, sondern vom Geschenk der Hingabe Jesu.

Fraglos gibt es auch die Macht zum Guten, gute Mächte. So oder so wird Macht immer von unten gestützt. Es sind die Untergebenen, die den Mächtigen Macht verleihen, überall, wo es menschliche Gruppierungen gibt, auch in der Kirche.

Die Machtfrage stellen wir dennoch oder gerade darum in unserer Zeit so intensiv, weil Macht so manipulativ ist, weil sie, oft harmlos beginnend, sich mehr und mehr ausbreiten und Menschen auch spirituell in bestimmte Richtungen drängen und ihnen Leben und Lebensfreude rauben kann: geistlicher Machtmissbrauch. Jahrzehntelang in Fragen der Sexualmoral praktiziert, oder in Zeiten, in denen kirchliche und weltliche Herrscher Hand in Hand arbeiteten oder ein und dieselbe Person waren.

Ich glaube an das Evangelium, das dieses Denken durchbricht, indem es eine Bewegung beginnt, die *alle* Menschen als Gotteskinder sieht; eine Bewegung, die nur einem das Sagen zuspricht, und zwar dem, den wir als Gott anrufen.

Je mehr sich der Glaube von uns Menschen klärt und läutert und je mehr wir diesen Gott als Gott des Friedens und der Liebe anrufen, der jede Gewalt verabscheut, der keinen Unterschied macht zwischen Frau und Mann, Juden und Griechen, Sklaven und Freien – in dessen Schöpfungsplan es einfach nicht hineinpasst, dass bei Verhandlungsgesprächen nur Männer am Tisch sitzen, ebenso wenig übrigens an den Entscheidungstischen in den Kirchen –, umso mehr ändert sich unser Leben.

Solche Aussagen sind es, bei denen ich spüre: Im Gepäck der Bibel finden wir Worte, die uns zum Leben verhelfen, zum friedlichen Miteinander, die Machtgefälle unter Menschen abbauen, die ein anderes Zusammenleben von Menschen beschreiben und einfordern als das Miteinander, das wir auch in der Kirche noch kennen und mittragen.

Ich gebe zu, als ich Priester wurde, wollte ich „prägen". Ich merke mehr und mehr, dass so ein Prägen auch Menschen mit der Farbe überschütten kann, die ich für mich als richtig finde. Was ist das anderes als Macht? Mittlerweile habe ich auch Schwierigkeiten mit dem Wort „Angebot", denn auch dieses Wort baut ein Gefälle auf. Es geht davon aus, dass eine Gruppe von Menschen das hat, was anderen fehlt, die es wiederum nur anzunehmen bräuchten. Ich frage mich immer mehr: Was kann ich denn „bieten"?

„Bieten" kann ich meine Gedanken, meine Erfahrungen, meinen Glauben, eigentlich mich selbst. Gibt es den *objektiven* Glauben? Objektives Glaubenswissen? Oder sind es nicht wesentlich persönliche Glaubenszeugnisse, von denen wir leben wie vom Zeugnis der Jüngerinnen und Jünger am Ostermorgen? Und ist es dann nicht eher so, dass ein Ganzes nur aus vielen Fragmenten besteht? Ist es nicht so, dass wir ein Nebeneinander von Erfahrungen leben, einen Austausch von Annahmen – und das Ganze wird zum Miteinander, wenn der Gedanke trägt, dass sich alles ergänzt? Dass es weniger ein Richtig und Falsch gibt als vielmehr ein Echt und Unecht?

Ich glaube, so kämen wir dem abendlichen Tisch in Emmaus näher und unsere Herzen würden brennen.

Getroffen in Betroffenheit: Ankunft im eigenen Leben

„Da ging er mit hinein ..."

Beziehungsgeschichten

Mitunter kompliziert: Beziehungen zwischen Müttern und Töchtern, Vätern und Söhnen. Bei mir war das so. Richtig viel zu sagen hatten wir uns nicht. Wahrscheinlich lagen die Gründe bei uns beiden. Wir hatten unterschiedliche Erwartungen aneinander. Ich glaube, ich war meinem Vater zu wenig männlich, so würde ich es heute sagen. Ich entsprach nicht so recht seinen Vorstellungen von einem Sohn. Reden konnten wir darüber nicht. Leider.

Im Zentrum unseres Glaubens steht auch eine Vater-Sohn-Beziehung, eine, von der man sagt, die beiden haben sich unendlich viel zu sagen, sind in ständigem Austausch. Menschlich gesprochen könnten wir sagen, dieser Sohn hat die Erwartungen seines Vaters ganz erfüllt. Aber passt eine solche Formulierung überhaupt? Ich habe Schwierigkeiten mit einem Vater (den wir „himmlisch" nennen), der die Erwartung hätte, dass sein Sohn sich töten lässt, der sogar seinen Sohn in der Erwartung oder im Wissen zeugt: Das wird nicht gut gehen. Dem werden es die Menschen schwer machen. Sie werden ihn loswerden wollen, verletzen, schlagen, ihm den brutalsten Tod zufügen.

Noch eine komplizierte Vater-Sohn-Geschichte? Denn schließlich sagen wir von uns Getauften, wir seien auch Kinder Gottes.

Im Zentrum unseres Glaubens sind für mich mehr Fragen als Antworten. Das einmal im Glaubensbekenntnis Formulierte, das in starken Sprachbildern Gefasste stammt aus anderen Zeiten. Die Verstehenshorizonte der vergangenen Zeiten erscheinen mir oft zu wenig berücksichtigt. Ich denke das übrigens bei jeder Eucharistiefeier, wenn wir vom Fleisch und Blut

Jesu sprechen, vom Essen und Trinken des Leibes und Blutes Christi. Wörtlich mag ich es mir (als Vegetarier schon gar) nicht vorstellen. Aber wenn es nicht wörtlich zu nehmen ist, sondern wirklich (das muss ja nicht zwingend das Gleiche sein, die Bibel wörtlich und ernst nehmen), warum verwenden wir dann nicht viel mehr Energie darauf, eine verständliche und einladende Sprache zu finden, die zwar morgen auch nicht mehr passen mag, aber dafür heute?

Zurück zu meinem Vater. Bei so vielem Wortlosem, das zwischen uns war, so vielem Unausgesprochenem, gibt es ein Wort von ihm, das sich mir eingeprägt hat. Ich weiß nicht mehr so recht den Zusammenhang. Vielleicht war es der, dass ich als Kind viel Angst hatte. Jedenfalls sagte er einmal sinngemäß – so richtig bekomme ich es nicht mehr zusammen: „Jeder geht auch nur aufs Klo." Für mich ist in dieser Aussage mehr als in der Redewendung, dass überall nur mit Wasser gekocht wird. Ich hörte und höre aus seinen Worten heraus: Jede*r ist auch nur Mensch, mit Bedürfnissen. Die elementaren Unterschiede sind nicht so groß, wie sie oft nach außen wirken und zelebriert werden. Irgendwie ist jede*r auch schwach, verwundbar. Sieh auf das, worin Menschen gleich sind. Sieh auf das sie Verbindende.

Ich riskiere bewusst ein Missverständnis und sage: Dieses Wort meines Vaters ist für mich wie ein Evangelium. Ich finde darin ganz viel zusammengefasst und verdichtet. Dieses Wort wird mir sogar auch zu einem Glaubensschlüssel: In Jesus lebt Gott das Verbindende mit uns Menschen, macht sich uns gleich, schafft Nähe, durchleidet unsere Angst, vielleicht in der wachsenden Ahnung: „Was können Menschen mir antun" (wie es im Psalm 118 heißt).

Ich bin mit meiner Vater-Sohn-Beziehung nicht fertig, sie ist nicht abgeschlossen. Wie schön. Es geht weiter. Beziehungsgeschichten zwischen Menschen enden nie. Auch nicht die Beziehungsgeschichten zwischen dem himmlischen Vater und seinen Kindern.

Wunden zeugen von Verletzungen

„Das ist nicht in Ordnung." „Dagegen musst du kämpfen." „Gott will das nicht." Ich bin nicht nur Priester; ich bin schwul. Sicher nicht der einzige. Und jeder hat eine eigene Geschichte.

Der Katechismus, die Lehre der Kirche, formuliert eindeutig: „Eine nicht geringe Anzahl von Männern und Frauen sind homosexuell veranlagt. Sie haben diese Veranlagung nicht selbst gewählt; für die meisten von ihnen stellt sie eine Prüfung dar. Ihnen ist mit Achtung, Mitleid und Takt zu begegnen. Man hüte sich, sie in irgendeiner Weise ungerecht zurückzusetzen. Auch diese Menschen sind berufen, in ihrem Leben den Willen Gottes zu erfüllen und, wenn sie Christen sind, die Schwierigkeiten, die ihnen aus ihrer Veranlagung erwachsen können, mit dem Kreuzesopfer des Herrn zu vereinen." (Nr. 2358)

„Du bist zu bedauern" könnte ich den Sätzen „Das ist nicht in Ordnung", „Dagegen musst du kämpfen" und „Gott will das nicht" hinzufügen.

Diese Lehre hat mein Leben geprägt, beeinflusst, eingetrübt. Diese Lehre hat zerstörerische Macht. Wer sie nicht ignoriert, kann gar nicht anders, als sich selbst abzulehnen und zu hassen. Eine Wunde wächst, die nicht heilt; die immer wieder aufbricht.

Wunden zeugen von Verletzungen. Manchmal fügt man sich selbst Wunden hinzu, um die von außen hervorgerufenen aushalten zu können. Eine erste Untersuchung im deutschsprachigen Raum hält 2010 fest: „17 Prozent der Lesben und zwölf Prozent der Schwulen haben bereits einmal versucht, sich das Leben zu nehmen. Fast jeder dritte Suizidversuch in Österreich wird von homosexuell orientierten Menschen begangen."[5] Diese Zahl spricht von Versuchen, nicht von Gedanken.

Die Gedanken gibt es auch. Gedanken, die kaum ein Ohr finden. Gedanken, die man sich nicht auszusprechen traut, weil die Angst da ist, andere mit ihnen zu verletzen: Da sind Eltern, die sich am Ende fragen, was sie in ihrer Erziehung falsch gemacht haben oder was in ihren Genen liegt, dass „so etwas" dabei rausgekommen ist; die Freundinnen und Freunde, die sich abwenden, weil das alles ihnen völlig fremd ist; der Seelsorger, weil er mit seinem Zölibatsversprechen jenseits von Gut und Böse als jemand erscheint, der so ein Gefühl nicht kennt. Da sind bestenfalls einzelne Verständnisvolle, die entweder die vom Katechismus geforderten Eigenschaften von Achtung, Mitleid und Takt leben oder es sich zu einfach machen. Immerhin setzt der Katechismus editio typica 1997 voraus, dass das ganze „objektiv ungeordnet" ist.

All das macht einsam. All das lässt einen nicht in erster Linie Mensch sein, sondern jemand mit „tiefsitzenden homosexuellen Tendenzen"; so wie man bei heftigen Zahnschmerzen nur noch weher Zahn ist.

2001 sagte der damalige Kandidat für das Amt des Regierenden Bürgermeisters in Berlin, Klaus Wowereit, einen Satz, den viele kennen und schätzen: „Ich bin schwul – und das ist auch gut so."

Er selbst schreibt dazu später: „In meinem Redemanuskript stand dieses Zitat nicht, aber geplant hatte ich so einen Satz natürlich trotzdem ... Ganz am Ende meiner Rede habe ich es dann gesagt, obwohl mir vorher einige Kollegen abgeraten hatten. Es war ja das erste Mal, dass sich ein aktiver Politiker outet. Niemand wusste, wie die Öffentlichkeit reagieren würde.

Der Zusatz ‚ ... und das ist auch gut so', der dann zu einem geflügelten Wort wurde, ist mir so rausgeflutscht ... Ich wollte zum Ausdruck bringen: Ich muss mich nicht verstecken. Ursprünglich hatte ich so etwas geplant wie: Ich bin schwul – und dafür muss ich mich nicht entschuldigen."[6]

Ich kann nicht sagen wann, aber irgendwann habe ich begonnen, zwischen dem zu unterscheiden, wie manche kirchliche Lehre Gott annimmt und wie er sich selbst offenbart, wie er der Gott ist, der Menschen aufleben lässt.

Dabei geholfen haben sicherlich Geschichten, wie sie der Evangelist Lukas erzählt: Jesus im Kreis derer, die von den Schriftgelehrten und Pharisäern als Zöllner und Sünder bezeichnet wurden, so wie es immer und immer wieder geschieht, dass andere über einen selbst Urteile sprechen, Einordnungen vornehmen, die die Urteilenden selbst gut dastehen lassen und andere eben nicht.

Zudem hilft die Vorstellung der Evangelien von Jesus, die ihn voller Verständnis für jeden Menschen beschreiben, sich einzig schwertuend mit denen, die meinen, sie hätten Gott ganz sicher bei sich.

Außerdem hilft der Blick auf das Kreuz, das Jesus als Verwundeten zeigt, der seine Wunden nicht verbirgt, sondern sprechen lässt.

Und es hilft die Hoffnung auf eine Welt, auf ein Leben, in dem Lehre und Menschen keine Wunden mehr zufügen, weil das Leben der Liebe entgegenwächst. Denn entscheidend ist nicht, wie Menschen einander einordnen, sondern wie sie einander lieben.

Die Bitte zu bleiben

„Bleib doch bei uns" – das ging schnell.

Immer noch mit einem für sie Fremden unterwegs bitten die Jünger auf ihrem Weg nach Emmaus diesen ins Haus. Eben erst haben sie ihn kennengelernt. Schnell ist eine Nähe entstanden. Unter dem Eindruck, dass man sich was zu sagen hat und dass noch nicht alles gesagt ist, mit dem Wunsch, das Reden und das Teilen der Gedanken im Teilen des Brotes zu intensivieren, bleiben die drei zusammen.

Ich denke an unsere regelmäßigen Eucharistiefeiern. In ihnen fehlen mir die Erfahrungen, die die drei auf dem Weg machen. Wir hören zwar das Wort, aber es wird verkündet, ohne dass sich die zum Gottesdienst Eingefundenen zuvor aussprechen können. Wir teilen uns nicht wirklich mit. Und damit fehlt das, was in der Emmausgeschichte die Basis, die vorausgegangene Erfahrung ist: den Fremden zu bitten, zu bleiben. In unseren Gottesdiensten wissen wir kaum etwas voneinander, nahezu nichts von dem, was jede Einzelne, jeden Einzelnen beschäftigt, betrübt, losgehen lässt. Wir teilen kein Alltagsbrot, vielleicht fehlt uns deswegen auch das glühende Herz, fehlen uns die aufgehenden Augen, wenn das Brot in unseren Kirchen, wenn das eucharistische Brot gebrochen wird.

Ich erlebe in manchen Trauergesprächen, wie behutsam wir uns im Lauf des Gespräches annähern. Wenn ich ins Haus der Trauernden gehe, kommt ja schließlich mit mir ein Fremder herein. Das Erzählen beginnt – und manchmal steht mittendrin jemand auf und kocht Kaffee oder stellt Plätzchen auf den Tisch. Ich deute und verstehe das nicht nur als Höflichkeit, sondern als ein Zeichen dafür, dass in diesem Augenblick im Reden etwas gewachsen ist.

„Bleib doch bei uns" – diese Botschaft ergeht in unserer Zeit an Menschen in der Kirche. Bleibt. Tretet nicht aus. Versucht es weiter mit uns. Gebt uns eine Chance. So oder ähnlich versuchen Kirchenverantwortliche angesichts der hohen Austrittszahlen, Menschen zu halten. (Exemplarisch dafür Bischof Dieser aus Aachen im Fastenhirtenbrief 2022: „Bitte treten Sie nicht aus der Kirche aus! Lassen Sie uns im Gespräch bleiben mit denen, die von ihren Zweifeln hin und her gerissen werden!" Der Bischof bittet im Hirtenwort die Austrittswilligen, trotz aller Zweifel zu bleiben und auch zur Kenntnis zu nehmen, dass Reformprozesse schon erste Resultate in der Kirche erbracht hätten: „Nutzen Sie die Fastenzeit, um die Veränderungen, die damit angestrebt werden, geistlich auf sich wirken zu lassen".)

Aber geht dieser Bitte zum Bleiben eine Nähe voraus, wie sie auf dem Weg nach Emmaus entstanden ist? Nein. Im Gegenteil. Die Erfahrung vieler Menschen, auch jener, die nicht austreten, ist eine andere, nämlich die einer wachsenden Entfernung. Mit mir ist niemand unterwegs, mein Leben, meine Enttäuschung findet in der Kirche keinen Raum. Und das, was die Amtskirche, was die Bischöfe oftmals sagen, dokumentiert nahezu, dass sie nicht mit Alltagsmenschen unterwegs sind, sondern ihre eigene Sprache reden, dass sie „die Hoffnungen und Freuden, die Sorgen und Ängste der Menschen" kaum an sich heranlassen. Hier sind wir auf einem entgegengesetzten Weg: Die Fremdheit wird nicht von Vertrauen und Nähe abgelöst wie auf dem Weg nach Emmaus, das Gegenteil ist der Fall, man wird sich immer fremder, die Wege gehen auseinander, das Gemeinsame wird immer schwächer.

„Bleib doch bei uns." Einem Fremden gilt diese Bitte. Denn das Fremdsein spielt auf einmal keine Rolle mehr. Anderes ist wichtiger geworden. Wenn ich an die Kreise und Gruppierungen in meiner Arbeit und in der Kirche denke, fehlen „die Fremden". Die immer gleichen und halbwegs miteinander vertrauten Menschen treffen sich. Und damit ist keiner da, der nachfragt, der sich erkundigt: Was sind das für Dinge auf eurem Weg … ?

„Fremde beherbergen" ist nicht nur ein Werk der Barmherzigkeit, es ist eine Gotteserfahrung. Ich glaube, „wir in der Kirche" haben noch nicht verstanden, wie sich „die Rollen" verteilen. Wer bittet wen, zu bleiben? Die Weggemeinschaft der Kirche hat Jesus nicht automatisch an der Seite und in der Mitte. Er will zu bleiben gebeten werden. Was in der Erzählung so sperrig klingt, so unverständlich, erleben wir: Nur wenn wir als Kirche mit den scheinbar Fremden einen Weg gehen, uns wahrhaftig begegnen, uns ehrlich machen, besteht überhaupt die Chance, in ihnen Jesus zu entdecken. So gesehen glaube ich, sind wir noch nicht einmal aufgebrochen, stecken noch fest in Jerusalem, trauern alten Zeiten hinterher, vermissen den auferstandenen Christus, der doch so nahe ist.

Und noch etwas. Ich erinnere mich an eine Auseinandersetzung während der Ausbildung, bei der einer der Präfekten irgendwann lautstark sagte: „Wo der Bischof ist, da ist die Kirche." Nein. Genau diese Erfahrung machen viele nicht. Ich auch nicht. Weil der Erfahrungsreichtum von Menschen fehlt, die nahe Weggemeinschaft nicht spürbar ist. Wem nutzt die Theorie, die erfahrungslose Lehre, die zwar in den Bischöfen die direkten Nachfolger der Apostel sieht, die eigentlichen

„Vorsteher" der Gemeinden, wenn aber Menschen in und mit den direkten Nachfolgern immer weniger erleben, was Jesus als der Fremde auf dem Weg mit den beiden Jüngern lebt? Darüber hinaus verortet Jesus sich selbst mindestens genauso, für mein Empfinden sogar wesentlich, im Leben der Schwachen, Verwundeten, Ausgegrenzten und Niedrigen.

Darum kann ich alles Reden davon, dass Christus „der Herr seiner Kirche" bleibt und mit uns im Boot sitzt, nicht gut hören. Ich möchte jeden, der so spricht, fragen: Wenn du das sagst, was oder wen meinst du mit „Kirche"? Und von welch einem „Boot" sprichst du? Kann es sein, dass Jesus im Boot all derer sitzt, die sich von der Amtskirche verlassen fühlen, die vielleicht sogar ausgetreten sind? Und kann es sein, dass dieses Boot von Menschen, Bischöfen, Priestern verlassen wurde, weil sie die Gegenwart Jesu in den Benachteiligten, in den durch so viele Umstände und Missbräuche zu Opfern gewordenen Menschen, nicht wahrnehmen, nicht wahrnehmen können, weil sie keine wirkliche Weggemeinschaft mit ihnen haben?

„Bleib doch bei uns." Diese Bitte ist erst dann dran und ehrlich, wenn der vorherige Weg gegangen ist. Ansonsten verfehlt sie ihren Adressaten.

Da gingen ihnen die Augen auf

„Da gingen ihnen die Augen auf". (Oder in der Herder-Bibel: Da wurden ihre Augen aufgetan.)

Die Augen aufmachen ist etwas anderes. Das Öffnen und Schließen meiner Augen habe ich selbst in der Hand, außer am Ende meines Lebens, wenn ich die Augen nicht selbst zumache, sondern wenn sie mir geschlossen werden.

Da gingen ihnen die Augen auf: Das klingt nach Sonnen-aufgang, der sich unabhängig von mir jeden Tag vollzieht, den ich aber viel zu selten wahrnehme. Die Augen gehen mir auf, wenn ich auf einmal etwas erkenne oder sehe, was längst da ist, aber wofür ich keinen Blick hatte.

Mir gehen die Augen auf, wenn ich mit Menschen spreche, und auf einmal entdecken wir Gemeinsames: Ein ähnliches Empfinden, eine gleiche Vorliebe, eine vergleichbare Erfah-rung, übereinstimmende Fragen – und ich merke: Menschen sind sich nahe, es gibt so viel Verbindendes, Verwandtes. Und plötzlich verstehe ich die tollkühne Anrede als „Geschwister" im kirchlichen Kontext, die mir das Gemeinsame vor Augen führt.

Mir gehen die Augen auf mit besonderen Erinnerungen. Eine lässt mich an einen großartigen Regenbogen während mei-nes Studiums denken. Starke Zweifel nagten an einem wirklich dunklen, verregneten Nachmittag an mir und ich fragte mich (wie so oft schon und heute immer noch): Ist dieser Weg der richtige für mich? Werde ich menschlich bleiben können im an-gestrebten Beruf? Ist mein Glaube stark genug? Habe ich über-haupt etwas zu sagen, was nur ich sagen kann? Und werde ich halbwegs glücklich? Der mit einem Mal auftauchende Regen-bogen wurde mir zwar nicht zur Antwort, aber zum Zeichen. Eine andere Erinnerung betrifft meinen Vater. Er war Gärtner, und wir hatten einen großen Garten, der mir allerdings durch die viele Arbeit, die mit ihm verbunden war und in die wir von klein auf einbezogen waren (um es harmlos auszudrücken), nicht unbedingt paradiesisch vorkam. Kurz nachdem er ge-storben war – ich bewohnte damals ein Pfarrhaus mit einem glücklicherweise kleinen Garten –, war er mir für einen kurzen

Moment an einem Abend ganz nahe beim Wühlen in der Erde. Wir beide mochten dazu keine Handschuhe tragen. Ich weiß nicht mehr, ob ich an dem Abend Unkraut gezogen habe, jedenfalls dachte ich plötzlich: Das ist dieselbe Erde, die an seinen Händen war, dieselbe Erde, die ihn getragen hat, dieselbe Arbeit, die ich jetzt tue. Ich schaute auf – und der Himmel an diesem Abend war sternenklar.

Mir gehen rückblickend die Augen auf wie bei den Emmausjüngern im Schatten (oder hier eher im Licht) gemachter Erfahrungen: Beim Denken an die glänzenden offenen Augen so vieler Menschen, die sich alljährlich etwa Heiligabend immer noch in der Kirche einfinden, erwartungsfroh, jedes Jahr neu, die ihre Hoffnung auf Frieden, auf Lebenssinn, auf Halt mit Jesus verbinden, so wie es Menschen Sonntag für Sonntag tun, auch wenn die Himmel verhangen sind.

Aber genauso gehen mir die Augen auf mit Blick auf all jene, die die Reißleine ziehen, die aufgrund ihres Glaubens der Kirche fernbleiben oder aus ihr austreten, weil sie sagen: Da geht es vornehmlich um Macht; da taucht mir zu wenig Jesus auf; da erlebe ich nichts von der freimachenden Wahrheit; da werde ich selbst nicht gesehen und wahrgenommen; da werden Verbrechen (Missbrauch) verharmlost und Harmloses (etwa queere Liebe) wird zu Verbrechen erklärt. Erzählen die Geschichten dieser Menschen nicht auch von einer Hoffnung, die sie sich nicht zerstören lassen wollen, von einer Glaubensweite, die sie nicht länger aufs Spiel setzen möchten?

Mir gehen beim Lesen der Leidensgeschichte Jesu und – wenn ich es zulasse – in jeder Eucharistiefeier die Augen auf, weil mir klar wird, dass Jesus das ernst meint, was er sagt: Sein Glaube, seine Überzeugung, dass man Gewalt nicht mit Gewalt löst, dass der Teufelskreis des bloßen Reagierens durchbrochen werden muss, nicht nur an der friedlichen Sonntagnachmittags-Kaffeetafel unter Gleichgesinnten, sondern in der alltäglich bitteren wie herausfordernden Realität, dass sein Wort „Reagiert nicht auf das Böse" oder das vom Hinhalten der anderen Wange, wenn mir jemand auf die eine geschlagen hat, nicht nur für die harmlosen Kleinkriege des Alltags gilt. Würden wir sonst von ihm noch reden, von ihm zehren, wenn er sich mit Gewalt bei seiner Gefangennahme gewehrt oder das Ziehen des Schwertes des Petrus für weitere Kämpfe zugelassen hätte? Stattdessen heilt er das Ohr, das doch nur verletzt war, um ihm das Leben zu retten.

Mir gehen die Augen auf, wenn Menschen gegen Unrecht aufstehen, aber nicht das Erwartete tun, nicht mit gleichen Waffen zurückschlagen, nicht in die Ecke drängen und nicht die Gräben vergrößern, sondern stattdessen souverän handeln, Unerwartetes tun.

Mir gingen die Augen auf, würden Personalverantwortliche oder Bischöfe in den Kirchen all jene Menschen persönlich aufsuchen, denen sie bis vor kurzem noch die Kündigung ausgesprochen haben, weil sie nach einer gescheiterten Beziehung dennoch so viel Zuversicht hatten, eine neue Beziehung einzugehen, und würden Personalverantwortliche oder Bischöfe desgleichen tun bei queeren Menschen, deren Arbeitsverhältnis bei einer Verpartnerung oder Hochzeit endete oder die jahrzehntelang in krankmachender Angst gelebt haben. Dann gingen mir die Augen auf – und viele Menschen würden verstehen und einsehen, dass solche Besuche und gebaute Brücken wichtiger sind, als dass Jugendliche etwa das Sakrament der Firmung durch einen Bischof empfangen.

Mir gingen die Augen auf, wenn Bischöfe auf all die Zeichen, die sie herausheben und abheben von allen anderen Menschen, ihre Kleidung, ihre Mitra, ihren Hirtenstab, ihr Brustkreuz, verzichten würden, um so augenfällig zu machen: Wir suchen gemeinsam, wir sind wirklich auf Augenhöhe, deine Glaubenserfahrung ist nicht weniger wert als meine, nur weil ich studiert oder die Weihe empfangen habe.

Mir gingen die Augen auf, würde ich selbst die Worte Jesu ernster nehmen und das wenige Brot, das ich bei mir habe, wie der Junge im Evangelium aus den Händen geben, ohne zu wissen, was daraus wird, und vermöchte ich es, in jedem Menschen und auch in mir die Präsenz Jesu vorauszusetzen und zu entdecken.

Es wäre, es *ist* mehr als gebrochenes Brot.

Doch nun strahlt die Hoffnung neu in unsere Nacht

Es gibt Highlights. Und sie haben Leuchtkraft vielleicht ein Leben lang.

Es muss 2017 gewesen sein. Zum ersten Mal bin ich zum CSD-Gottesdienst in der Antoniterkirche in Köln. Die Kirche ist ziemlich voll. Die verschiedensten Menschen finden sich ein. Mit so vielen hatte ich nicht gerechnet. Wo die Stühle nicht reichen, sitzen Menschen auf dem Boden oder stehen im Eingangsbereich und an den Seiten. Was sie verbindet, ist ihr Queersein. Ein buntes Bild entsteht. Dafür sorgt schon die Kleidung. Zögerlich habe ich mich dem Kirchenraum genähert. Damals war ich noch ungeoutet. Was, wenn mich einer hier sieht, der mich kennt? Und wenn er es weitererzählt, dass er mich gesehen hat? Ich möchte nicht gesehen, nicht erkannt werden. Ich habe Angst vor Konsequenzen, habe Angst, dass Menschen Schwierigkeiten damit haben, wenn sie erfahren, dass ich schwul bin.

Es kostet mich Überwindung, den Kirchenraum zu betreten, mich auf all das einzulassen. Ich stelle mich an den Rand, in die Nähe des Ausgangs. Wenn es gar nicht geht für mich, kann ich schnell verschwinden.

Viele der anderen Mitfeiernden scheinen sich zu kennen, es wird erzählt, es herrscht eine gelöste Atmosphäre. Ich beobachte. Würde ich die meisten dieser Menschen auf der Straße sehen, ich hätte nicht vermutet, sie hier anzutreffen.

Was dann geschieht, hätte ich nie für möglich gehalten. Beim ersten Lied „Pilger sind wir Menschen" – wie bei allen anderen Liedern auch – singen alle mit. Der Raum füllt sich nicht nur mit Menschen, sondern auch mit Gesang, so kräftig, wie ich ihn in den normalen Gemeindegottesdiensten kaum wahrnehme. Wenn es nicht so verkopft klänge, würde ich sagen: ein bewusstes Singen, nicht einfach nur ein Ablesen.

Bei der dritten Strophe fließen mir die Tränen: „Gottes Volk kann siegen, über Hass und Streit. Stärker als Gewalttat ist Gerechtigkeit. Tausendmal getreten, tausendmal verlacht. Doch nun strahlt die Hoffnung neu in unsere Nacht!"

Tausendmal getreten. Genau das ist mein Gefühl: das Gefühl von Ablehnung für etwas, das ich bin. Es ist nicht richtig – es darf nicht sein. Es ist schlecht. Dafür schämt man sich. Darüber spricht man nicht. Das darf niemand wissen. Das ist nicht normal. Das hat hier keinen Platz. Ich denke an die vielen Menschen, die wegen ihrer sexuellen Orientierung auch körperlich getreten worden sind, misshandelt, gedemütigt, vergast, getötet. Die auch heute noch verfolgt werden.

Ich reiße mich zusammen. Mich soll hier keiner weinen sehen. Aber ich merke: *Ich* kann ankommen. Ich kann hier sein. Zum ersten Mal fühle ich mich als schwuler Mann in einem Gottesdienst angesprochen und angenommen. Ich bin nicht mehr beobachtend am Rand wie ein Zuschauer. Ich bin mitgenommen. Es fühlt sich an wie ein Zusammenfallen von Weihnachten und Ostern.

Und zum ersten Mal stehe ich so vor Gott, wie ich bin, habe nicht das Gefühl, etwas Dunkles in mir zu haben. Ich kann *ganz* da sein, muss nichts zurückhalten. Nichts muss außen vor bleiben, sorgsam versteckt, damit mich ja niemand durchschaut.

Jedes Wort, jedes Lied sauge ich auf. Nichts erscheint mir unstimmig. Dieser Gottesdienst hat einen „Sitz im Leben" bei allen, die da sind. Und sie haben sich nicht verlaufen, sie sind bewusst gekommen.

Diese Stimmigkeit in einem Gottesdienst erlebe ich selten. Manchmal noch Heiligabend. Auch wenn – trotz einer größeren Anzahl von Menschen – der Gesang dann verhaltener ist, aber die Augen der Menschen glänzen in der Christnacht.

Es geht also doch, denke ich mir: Farbigkeit in der Kirche, da sein können, wie ich bin, und ein Glaube, der frei macht.

Ostern:
nicht mehr außen vor

„… um bei ihnen zu bleiben"

Unumwunden um Wunden

Die Ostererzählung, die davon berichtet, dass die versammelten Jüngerinnen und Jünger den auferstandenen Christus an seinen Wunden erkennen, wird mir immer bedeutsamer. Ich finde darin die Erfahrung ausgedrückt, dass neues Leben mit den Händen zu greifen ist, wenn jemand seine Wunden, seine Verletzungen nicht verbirgt, sondern tief in sich hineinblicken lässt.

Das erfordert Mut. Wer sich verwundet und verwundbar zeigt, macht sich angreifbar. Wer sich verwundet und verwundbar zeigt, zeigt sich nicht von seiner schönsten Seite. Wer sich verwundet und verwundbar zeigt, riskiert eine noch größere Verletzung, in dem Menschen darüber hinweggehen oder sich lustig machen.

Wunden ansehen ist herausfordernd; wenn eben möglich, schauen wir nicht hin. Sie geben kein Zeugnis vom neuen Leben, dafür aber vom alten, vom verletzenden, vom zerstörerischen. Sie zeigen, was Menschen einander antun können. Das wollen wir oft gar nicht wissen. Die durch Missbrauchsverbrechen und Machtmissbrauch zugefügten Wunden innerhalb und außerhalb der Kirche werden zu wenig angeschaut. Lange genug sollten sie völlig verdeckt und unsichtbar bleiben.

Wie treffend hat Jesus Menschen und die Kirche im Gleichnis vom barmherzigen Samariter mit dem Priester und dem Leviten beschrieben. Darauf möchte ich noch einmal zurückkommen: Sie sehen zwar den Verletzten am Wegesrand, aber gehen zur Tagesordnung über und lassen sich nicht unterbrechen. Ihre Gewohnheit und ihr üblicher Tagesablauf sind ihnen wichtiger. Die Wunden des Verletzten erreichen sie nicht. Sie möchten seine blutige Vergangenheit nicht an sich heranlassen. Denn dann könnten sie nicht so weitermachen.

Jesus zeigt seine Wunden, und es gibt Menschen, die hinschauen, die nicht ausweichen. Je mehr sich ein Mensch traut, seine Wunden zu zeigen, umso glaubwürdiger ist er.

Wer seine Verletzungen sprechen lässt, hat anderen viel zu sagen und zu geben. Wie anders könnten wir alle heute Kirche sein, wenn die Wunden der von der Kirche und vom Leben Enttäuschten, wenn die Verletzungen von Menschen sich zeigen könnten und gesehen würden. Wir könnten (wieder?) Erzählgemeinschaften sein, die sich mitteilen, was sie unmittelbar angeht, trifft und berührt.

Den Worten nach feiern wir in jeder Eucharistiefeier Leiden, Sterben und Auferstehung. Dennoch befürchte ich, dass wir unsere Wunden zu wenig oder gar nicht sprechen lassen. Darum hat vielleicht auch der Osterglaube selbst keine wirkliche Verankerung und wird unglaubwürdig, wenn wir ihn unbeteiligt, blutleer und leidenschaftslos bekennen, ihn nicht mit unserem eigenen verletzten Leben und dem der anderen verbinden.

Thomas kann und will nicht an den Wunden Jesu vorbeigehen. Er sagt mir: Wer nach Ostern – und wir leben nach Ostern – die Wunden übersieht, sie nicht sehen will und sie nicht über alles setzt, wer nicht von ihnen ausgeht, geht auch nicht von Christus aus.

Es ist eben nicht nur ein *Traum* von Kirche, wo Wunden sichtbar werden dürfen und angesehen werden. Es ist ihr Herz. Es ist das, was sie lebendig und wirklich macht und bedeutsam.

Eine andere Kirche braucht Jesus nicht und brauchen die Menschen nicht.

Gründonnerstag 2022

Schon das dritte Mal steht in der Mitte der Kirche ein Tisch. Dieser Tisch ist aus alten Kreuzesholzen gebaut worden, Kreuze, die Menschen abgegeben haben, weil sie sie nicht einfach so in den Hausmüll geben wollten. Auf dem Tisch liegen kleine gesegnete Brote. Menschen können sich diese Brote mit einem kleinen Textimpuls abholen für das Abendbrot daheim. Im ersten Coronajahr 2020 entstand diese Idee, als die Gottesdienste nicht gefeiert werden konnten. Wir haben diese „Brotaktion" beibehalten. Sie spricht.

Ich bin während der Zeit des Abholens in der Kirche. Manches kurze, aber intensive Gespräch ergibt sich an diesem besonderen Tag.

Eins davon: Ein Mann mit einer braunen Papiertüte kommt zu mir. „Ich wollte etwas zurückgeben, was von hier ist." Ich nehme die Tüte. Darin eine Regenbogenfahne und ein Plakat mit Thesen von Maria 2.0. Im Jahr 2021 hatten wir an der Kirche eine Regenbogenfahne anlässlich des Neins aus Rom zu Segensfeiern für gleichgeschlechtliche Paare. Und die örtliche Maria 2.0-Gruppe hatte die Thesen an der Windfangtür befestigt. Beides wurde entnommen, der Fahnenmast sogar zerstört. Derartige Reaktionen, Fahnen stehlen oder verbrennen, gab es ja an vielen Orten.

Der Mann erzählt mir, dass er „die Dinge" für jemanden entfernt habe. Wir reden etwas. Mein Eindruck ist, dass er instrumentalisiert wurde.

Egal, wie man zur kirchlichen Lehre von Homosexualität oder Frauenpriestertum steht: Die Auseinandersetzungen müssen fair bleiben und offen geführt werden, mit Menschen, die ihr Gesicht zeigen, die nicht über Nacht und anonym zerstören oder entwenden lassen.

„Fast schon wie Ostern", denke ich in diesem Augenblick. Jemand versucht, etwas in Ordnung zu bringen. Die Fahne muss gebügelt werden, aber sie ist nun besonders.

In der Nacht dieses Gründonnerstags erreicht mich eine Mail. Ein ehemaliges Kommunionkind von mir, vor mehr als 20 Jahren zur ersten heiligen Kommunion gegangen, schreibt von ihrem Kirchenaustritt, weil sie als lesbische Frau mit Frau und Kind Diskriminierung in der Kirche erlebt hat. „Ein bezahltes Jahrespraktikum im katholischen Kindergarten wurde mir mit den Worten ‚Wir wissen ja, wie es um dich bestellt ist' verwehrt – auf eine unbezahlte Tätigkeit könne man sich aber einigen." Bei der Silberhochzeit ihrer Eltern wollten diese nicht, dass die Ehefrau mit in die Kirche kommt und die beiden nebeneinander sitzen. Sie schreibt weiter, wie auch ihre Eltern einen „ständigen Outing-Prozess vollziehen müssen: ‚Meine Tochter ist lesbisch, sie lebt mit einer Frau zusammen.' – Worte, die für meine Eltern so schwer auszusprechen waren." Zu ihrem Kirchenaustritt: „Und es ist mir unangenehm, zumal mir die christliche Gemeinschaft und gemeinsame Orte des Glaubens nach wie vor fehlen. Und damit meine ich nicht die Gemeinschaft, die ich erfahren habe, sondern eine Gemeinschaft, nach der ich gesucht habe und die ich nicht finden konnte."

Mir tut das weh. Ich möchte schreien.

Unser Gottesdienst am Gründonnerstagabend begann nicht umsonst mit diesen Worten:

Mit DIR an einem Tisch:
Niemand fragt: Wie alt bist du, was verdienst du?
Niemand fragt: Bist du Frau oder Mann, schwarz oder weiß?

Mit DIR an einem Tisch:
Niemand fragt: Hast du es verdient, was bringst du mit?
Niemand fragt: Bist du würdig, ist dein Leben in Ordnung?

Mit DIR an einem Tisch:
Jemand fragt: Hast du Hunger, was brauchst du?
Mit DIR an einem Tisch:
Alle sagen: Komm, nimm Platz.

An der Schwelle zum Ostermorgen 2022

Ostermorgen. Früh. Eine Osternacht feiern wir in unserem Pastoralverbund am Ende der Nacht. Eine Dreiviertelstunde früher betrete ich die dunkle Kirche. Bleibe stehen. Wie angewurzelt. Ganz wenig Licht scheint von den Straßenlaternen in die Kirche. Meine Augen gewöhnen sich langsam. Ich sehe schwach die Umrisse. Noch ist es ruhig, noch ist kein Mensch da. Ich setze mich einen Augenblick. Finde keine klaren Gedanken. Schaue nur. Bin müde. Am Vorabend habe ich mit einer anderen Gemeinde schon eine Osternacht gefeiert. Die Stunden Schlaf dazwischen sind wenig und die wenigen unruhig. Dieselbe Feier: Völlig anders, ob am Beginn oder am Ende der Nacht gefeiert, ob man sich danach schlafen gelegt hat oder in den Tag hineingeht.

Noch ist es dunkel. Gleich wird durch die farbigen Fenster das erste Licht hereinkommen, verhalten, immer stärker werdend. Wir werden zuschauen, dabei die Lesungen hören, die alten Geschichten. Jetzt hat die Stille das Wort.

Die Stille habe ich am Karfreitag vermisst, anders als im ersten Coronajahr, in dem die Gottesdienste nicht gefeiert wurden.

Da standen die Kirchentüren weit auf, Menschen kamen und gingen, blickten auf das Kreuz, verweilten, intensive Minuten lang. Spürbare Ehrfurcht. Schweigen. In diesem Jahr war am Karfreitag wieder eine einstündige Liturgie voller Worte. Ich fand es für mich unangemessen. Es wickelte sich ab, Wort für Wort, Handlung für Handlung. Mir war es zu viel. Ich wollte einfach nur schweigen.

Und immer mehr frage ich mich, ob wir damals nicht auch „Kreuzige ihn!" geschrien hätten und ob es darum nicht scheinheilig ist, heute mit dem gebührenden Abstand betroffen vom Leiden und Sterben Jesu zu hören, an dem ich ja genauso meinen Anteil habe. Denn für Jesus eintreten, in Form der heute vom Leiden gezeichneten Menschen, der heute misshandelten und gedemütigten, der heute missbrauchten und unbequemen Menschen, fällt mir schwer. Es fällt unserer Kirche schwer, die eher auf Selbsterhalt gesetzt hat – im Vertuschen der grausamen Missbrauchsverbrechen – und die damit nicht anders war (oder ist?) als die Frommen zur Zeit Jesu, denen er unbequem war, und die mehr um sich selbst und um ihren Stand fürchteten. Hört diese Leidensgeschichte nie auf?

Ich mag noch nicht aufstehen an diesem Ostermorgen, der mehr noch Nacht als Morgen ist. Die dunkle Kirche kommt mir vor wie eine Höhle, wie ein Grab und dann wieder wie ein bergender Schutzraum. Ist nicht so viel an Leben aus ihr gewichen, so viel an Kraft und Vitalität eingegangen? Wir waren nicht unbedingt viele in der Osternachtfeier des Vorabends. Jahr für Jahr werden es weniger, und die wenigen werden älter. Kirche, wie ich sie von klein auf kennengelernt habe, ist im großen Sterben. Wie sagte unser Bischof mit deutlichen Worten vor Jahren schon: „Die große Scheiße kommt erst noch." Hätte es niemand aufhalten können? „Musste nicht" alles so kommen? Aber Halt. Ist es redlich, Kirche und ihr Sterben mit dem Sterben Jesu gleichzusetzen? Nein! Denn diese Kirche ist nicht Jesus, und in ihr gibt es so viel dem Evangelium Fernes. Es ist so weit, dass Menschen, um sich und ihren Glauben zu schützen, um ihre Jesus-Freundschaft zu schützen, keinen anderen Weg sehen, als aus der Kirche auszutreten. Habe ich den Zeitpunkt verpasst, den Augenblick nicht wahrgenommen, an dem meine Jesus-Freundschaft zerbrach zugunsten meines Verbleibens in der Kirche?

Jemand Weiteres kommt in die Kirche, bleibt hinten stehen. Eine der Lektorinnen. „Ich komme gleich", sagt sie mir leise, als ich sie in die Sakristei mitnehmen möchte. Ob sie beim Blick in die dunkle Kirche ähnlich empfindet?

Auf der Suche, wie die Ostersonne aufgehen kann in unserem Dunkel, hören wir in diesem Jahr das Osterevangelium des Evangelisten Lukas, in dem der auferstandene Christus gar nicht auftaucht. Der, um den es geht, ist nicht da. Darum setzt auch bei den Frauen und bei den Aposteln kein Jubel ein, eher Ratlosigkeit, Verwunderung. Es gibt kein Osterlachen, kein Osterfeuer, kein Oster-Halleluja. Es gibt ganz viel Realismus. Erzählt wird vom Nichtfinden, vom Erschrecken und Zu-Boden-Blicken. Ist unser Ostern-Feiern zu laut? Als mein Vater im Sterben lag, in der Osterzeit 1999, gab es kein Osterlied für uns. Können wir nur singen, wenn uns der Tod nicht zu nahe kommt, das Leiden uns nicht zu sehr selbst betrifft, wenn es weit genug von uns entfernt ist? Können wir nur singen, wenn wir Glück haben, wenn es uns gut geht, wenn die Sonne scheint? Vermutlich. Aber ist unser Singen dann schon Ausdruck von Ostern? Vermutlich nicht.

Plötzlich denke ich daran, dass wir gleich wieder wie in jedem Gottesdienst ein Zeichen aufgreifen: Wir *brechen* das Brot. Nur gebrochen nehmen wir wahr. Das tröstet mich.

Gehen ohne Garantie

Eine andere Ostergeschichte im Johannesevangelium greift in starken Bildern ähnliche Erfahrungen auf, wie sie in der Emmausgeschichte anklingen. Ein kurzes Wort darin halte ich für ein Schlüsselwort, nämlich das Wort: Nein.

Es ist ein Eingeständnis: Wir haben nichts, nichts zu essen, nichts für den Alltag, nichts, was wir mitbringen. Das Fischen, die Arbeit war umsonst.

Die Jünger waren einen Schritt *zurück* gegangen in ihr altes Fischerleben. Von irgendwas muss man ja leben. Irgendwas muss ja Sinn geben ohne Jesus, um den sich die letzten Jahre alles gedreht hat. Sie knüpfen an die Zeit davor an. Da ging es ja auch – irgendwie.

Aber sie merken, dass das *nicht* geht: Die alten Wege führen ins Nichts. Die Netze bleiben leer. Es gibt keinen Weg zurück. Das, was früher trug und Sinn gab, was die Netze füllte und sich wie Erfolg anfühlte, macht nicht nur nicht mehr satt, es ist überhaupt nicht mehr da.

Ähnliche Erfahrungen mache ich in der Kirche, in meinem persönlichen Glaubensleben: Was einmal gangbar schien, Orientierung verhieß, möglich war, lässt enttäuscht und leer zurück.

Viele kirchliche Verbände haben „ihre Zeit" gehabt. Wie viele Lieder und Gebete, die wir heute noch im Gottesdienst singen und sprechen, hatten längst „ihre Zeit". Nicht wenig spricht dafür, dass die Art und Weise, wie wir selbst Gottesdienst feiern,

ebenso „ihre Zeit" gehabt hat. Und dann gibt es noch Glaubens-
sätze, deren ständiges Wiederholen nicht minder leer zurück-
lässt oder die für den Alltag nahezu keine Bedeutung haben,
weil sie Entwicklungen, die Menschen gemacht haben, nicht
kennen oder so sehr aus einer anderen Zeit stammen, dass man
sie kaum noch „übersetzen" kann. Mag alles noch so *vertraut*
gewesen sein, es ist vergangen.

Das einzugestehen fällt schwer: Das *Nein* der Jünger mitzu-
sprechen, als ein Fremder sie fragt, ob sie nicht Fische zu essen
haben.

Ich glaube, bei den Jüngern ist in diesem Moment, in dem
sie mit Nein antworten, schon etwas geschehen: Sie *lassen sich
von einem Fremden ansprechen*, wo das oder der Vertraute nicht
mehr spricht.

„Sie wussten nicht, dass es Jesus war." Wir als Lesende sind
im Vorteil. Ein solcher Satz taucht gleich in mehreren Osterge-
schichten auf, nicht nur hier am Morgen am Ufer. Wir kennen
das aus der Emmausgeschichte, wo ein Fremder auf die beiden
Jünger trifft – und Maria von Magdala hält Jesus für den Gärtner. Aber alle Genannten lassen sich auf den Fremden ein.

Ich frage mich, wie offen ich für das Andere, das Fremde,
das Mich-in-Frage-Stellende bin und wie offen Menschen in der
Kirche dafür sind. Oder dringen in unserer Kirche am Ende zu
wenig fremde und befremdliche Stimmen durch, weil wir es immer noch mit dem zwar Vertrauten, aber eigentlich nicht mehr
Sprechenden versuchen?

Der „Sprung des Petrus" ins Wasser, von dem nach dem
Fischfang erzählt wird, geschieht viel wesentlicher schon hier
zusammen mit all den anderen Jüngern, indem sie tun, was der
Fremde ihnen sagt. Sie werfen noch einmal ihre Netze aus, auf

der *rechten Seite* des Bootes, die sich *erst im Tun als die rechte und richtige*, Netze füllende Seite erweist.

Vielleicht ist es hinderlich, beim Lesen und Hören immer gleich zu wissen, dass es Jesus ist, der die Jünger beauftragt. Denn die Jünger selbst wussten es nicht, so wie wir oftmals nicht wissen, nicht wissen können, wo Gott seine Hände im Spiel hat, wo wir etwas in seinem Sinne tun, was uns erst im Nachhinein klar wird. Glaube ist immer ein Sprung ins Wasser, ein Versuchen, ein Gehen ohne Garantie. Die Netze der Jünger füllen sich, als sie sich der *gegenwärtigen* Stimme stellen, dem Nicht-Vertrauten, und dieser Stimme nachgehen.

Nur so beginnt nicht nur der Morgen zu dämmern, so dämmert es auch bei den Jüngern, die die Erfahrung machen: Es hat sich gelohnt, Nein zu sagen, Erfolglosigkeit zuzugeben und dem Wort des Fremden zu folgen.

Mitteilung des eigenen Lebens als lebendige Eucharistie

„Da erzählten auch sie, was auf dem Weg geschehen war und wie sie ihn beim Brotbrechen erkannt hatten."

Nachfolge

Samstagnachmittag. Urlaub. Ich gehe durch die Fußgängerzone einer Großstadt. Es ist voll. Menschen kaufen ein, bummeln, trinken Kaffee. Junge Menschen, alte Menschen. Und Menschen dazwischen. Ein buntes Bild. Leben halt. Mit den anderen Samstagen, an denen ich um diese Uhrzeit die ersten Sonntagsgottesdienste feiere, nicht zu vergleichen.

Irgendwann dringt Glockenläuten durch das quirlige Treiben. Natürlich nehme ich es wahr. Ich mochte den Klang von Glocken immer schon. Aber ich atme auf. Du hast jetzt keine Verpflichtung, sage ich mir. Du musst nicht predigen, du musst nicht „vorstehen" (wie das liturgisch heißt: einem Gottesdienst vorstehen). Du musst nichts verteidigen.

Diese Verteidigerrolle ist in den letzten Jahren immer massiver geworden: verteidigen, warum ich in dieser Kirche arbeite; verteidigen, warum es überhaupt Kirche in dieser Form geben soll; verteidigen, warum viele Veränderungen und Erneuerungen nur so langsam möglich sind (sofern sie denn überhaupt kommen); verteidigen, wenn irgendein Bischof oder Kardinal für mein Empfinden wieder Peinliches von sich gibt, etwa, dass Priester nur Männer sein können, weil Jesus ein Mann war. So etwas und anderes ist ja in regelmäßigen Abständen immer wieder zu lesen.

In der Fußgängerzone sehe ich Menschen, die das alles vermutlich nicht (mehr) interessiert. Diese Kirchenwelt mit ihren arg speziellen Themen (die so intensiv ins Schlafzimmer hineinreichen wollen) verstehen sie nicht. Nicht die Menschen haben sich von Kirche entfernt. Kirche hat sich von den Menschen entfernt, indem sie stehengeblieben ist, Entwicklungen nicht zulässt, im Heute nicht ankommt.

Für viele scheint der Zeitpunkt vorbei, darauf zu warten, dass Kirche hinterherkommt, einen Zahn zulegt und wieder bei den Menschen ist. Sie gehen weiter. Sie schauen noch nicht einmal mehr zurück. Kirche liegt nicht mehr vor den Menschen, sie liegt hinter ihnen.

Eigentlich hat sie damit aufgehört, eine österliche Kirche zu sein. Denn Ostern lebt vom Voraussein. Jesus geht den Jüngerinnen und Jüngern voraus. „Er geht euch voraus nach Galiläa", sagt der Engel am Grab zu den Frauen. Sie haben ihn und das Leben mit ihm vor sich. Da lohnt es sich, hinterher zu sein.

Ich glaube, wir leben in Zeiten, in denen Kirche, wenn sie den ihr vorausgegangenen Menschen nachgeht, auf dem Weg der Christusnachfolge ist. Sie müsste dazu aufbrechen und dahin gehen, wo das Leben ist, samstagnachmittags, sonntags, an allen Tagen. Es würde wieder lebendig und zu einem Anfang kommen, ähnlich dem Anfang der Jüngerinnen und Jünger, den diese mit Ostern begründen und in Verbindung bringen.

Als Markenkern die Vielfalt

Sie kehrten nach Jerusalem zurück.

Keiner will Hütten bauen wie auf dem Berg der Verklärung. Niemand will festhalten und bewahren. Der Gedanke kommt keinem der beiden Emmausjünger. Ihnen ist sonnenklar, dass das Erlebte weitergesagt werden muss. Sie sehen sich nicht besonders erwählt oder berufen. Sie zelebrieren ihre Erfahrung nicht für sich selbst.

Unsere Kirche und so manche in ihr erlebe ich anders. Wir feiern uns selbst. Wie schon zuvor geschrieben: Wir haben unsere Form gefunden, wir halten an ihr fest, auch angesichts dessen, dass diese Form immer weniger Menschen anspricht und erreicht. Es treibt uns nicht die Schamesröte ins Gesicht, dass wir von vielen, die nicht aus der Kirche austreten, uns die gegenwärtige Form von Kirche mit all ihrer Unbeweglichkeit mitfinanzieren lassen. Dass es immer noch warm ist in unseren Kirchenhäusern, verdanken wir ihnen.

Wir bleiben in unseren Sprachspielen, unseren „Hoch"-gebeten und „Hoch"-liturgien und merken nicht, dass sie abgehoben sind. Wir schweben auf Wolke 7 und schauen auf die, die es einfach nicht begreifen wollen, die verbohrt sind oder zu sehr Welt und zwar Welt vom Schlechten. „Selbst in Schuld" – „Sie könnten ja" – „Sie wollen nicht" – „Jeder ist seines Glückes eigener Schmied" – „Man kann niemanden zwingen". Immer sind es die anderen, bei denen der Fehler und die Uneinsichtigkeit liegen. Wir verteidigen unsere Lehre, unsere Art und Weise Kirche zu leben, wie eine Burg, die wir bewohnen, die viele außen vor lässt. Wir verstehen Signale zu senden, die auf Abstand halten.

Die Jünger kehrten zurück. Nicht einfach so. Sie haben etwas erlebt. Vielleicht sind sie auch zurückgelaufen. Jedenfalls wird sich ihre Stimmung verändert haben. Sie selbst sind verändert. Sie finden die anderen versammelt. Und die haben auch was zu erzählen und reden von dem, was sie erlebt haben. Die Erfahrungen werden zusammengelegt. Sie ergänzen sich. Es gibt keine Hierarchie der Wahrheiten, der gemachten Erfahrungen.

Ich kann mir nicht vorstellen, dass sie gewichtet und bewertet wurden. Was Simon erlebt hat, steht nicht über dem, was die beiden Jünger erlebt haben. Und umgekehrt auch nicht.

Sie kehrten nach Jerusalem zurück. Die beiden Jünger wollen es nicht zulassen, dass es ein „Voraus" gibt, ein auf dem Glaubensweg Weitersein. Sie lassen die anderen nicht hinter sich. Sie gehen zurück und lassen sie teilhaben. Die Erfahrung mit Jesus sondert sie nicht ab, hüllt sie nicht in besondere Gewänder, hebt sie nicht in einen eigenen Stand. Sie wissen, dass es nur gemeinsam geht.

Und es wird kein Einheitsbrei daraus. Es bleiben einzelne Erfahrungen, unterschiedlich und natürlich abhängig von denen, die diese Erfahrungen machen. Jede*r spricht anders von Gott, in der je eigenen Sprache, in der je eigenen Färbung. Gott spricht die Menschen unterschiedlich an, aber seine Stimme ist dieselbe. Wie kann jemand seine eigene (Gottes-)Erfahrung absolut setzen, für wahrer oder für wichtiger halten als die eines anderen Menschen? Lässt sich mit „letzter Verbindlichkeit" vorsetzen und „für alle Zeiten" festschreiben, was zu glauben ist? Dies anzunehmen fällt mir immer schwerer und entspricht nicht unbedingt den biblischen Geschichten.

Der Glaube meiner Mama war mit Sicherheit anders als mein Glaube heute, obwohl ich vor allem ihr meinen Glauben verdanke. Sie sprach nicht groß darüber, ich merkte, was ihr wichtig war. Es waren nicht die großen Sätze, die sich mir eingeprägt haben. Stattdessen ist es der Segen über jedes Brot, das sie anschnitt; das gezeichnete Kreuz auf unsere Stirn, bevor wir Kinder das Haus verließen; ihre Bescheidenheit im Alltag; ihre Unerschütterlichkeit, sich Gott anzuvertrauen. Ihr Tun und Leben ist es, was mich berührt. Mit Sicherheit würde sie ihren Glauben in Worten ganz anders ausdrücken als ich. Ganz bestimmt wären nicht nur unterschiedliche Akzentsetzungen darin, sondern auch sich Widersprechendes. Und? Was ändert es? Wir bleiben Mama und Sohn, wir bleiben beide Gotteskinder – und die Herausforderung, Frieden und Liebe zu leben steht über allem und ist entscheidend.

Wie es weitergegangen ist? Simon, die anderen, die Emmausjünger werden von sich erzählt haben, und sie werden auf Menschen gestoßen sein, die ebenfalls von sich erzählt haben. Immer mehr Erfahrungen kommen zusammen. Glaube wird immer farbiger und facettenreicher – sollte man annehmen: Als Markenkern die Vielfalt, die Fülle an unterschiedlichen Erfahrungen. Und allen gemeinsam: Sie fassen, sie halten Jesus nicht. Er wird nicht zum Besitz. Er wird nicht handhabbar. Kein Tabernakel der Welt kann ihn bewahren und damit ausschließen, dass er nicht genauso woanders wäre. Immer neu, immer sich dazu gesellend auf den Wegen, die wir gehen.

Im Kleinen

Ich feiere einen Gottesdienst in einem kleinen Kreis. Der Wunsch nach anderen Gottesdiensterfahrungen war in einer Gesprächsrunde geäußert worden: „Wir möchten nicht alles nur vorgesetzt bekommen." „Ich will reagieren können auf das, was gesagt wird."

Mit diesen Äußerungen sind wir losgezogen. Ich kann sie gut nachvollziehen. Denn irgendwie sind unsere Gottesdienste Einbahnstraßen. Sie sind dazu geeignet, dass sie mit vielen Menschen gefeiert werden können (letztlich spielt sogar die Anzahl der Mitfeiernden keine Rolle; der Ablauf ist unabhängig davon). Dadurch sind sie allgemein und können gar nicht mit den je eigenen Lebensgeschichten von Menschen kommunizieren. Das, was die Mitfeiernden sagen und singen, steht fest. Das, was aktuell hinzukommt, sind ein paar Worte zur Begrüßung und die Predigt eines einzelnen. Aber darauf zu reagieren ist nicht vorgesehen. Und das Teilen lediglich der großen Hostie lässt in

Vergessenheit geraten, dass Christen sich zum „Brot brechen" treffen.

Im kleinen Kreis ist es anders. Die vorgesehenen und vorgeschriebenen Dialoge werden überflüssig, weil ein anderer, ein viel intensiverer Austausch entsteht.

Ich denke an die Begegnungen Jesu, an die Geschichten, in denen Menschen besondere Erfahrungen machen konnten: Es sind Begegnungen im kleinen Kreis, abseits der Menge. Hier beginnt Heilung. Hier beginnt Nachfolge. Hier beginnt das Deuten der Schrift. Hier wird es persönlich. Die Menge dagegen ist manipulierbar: Da kippt ein Hosianna innerhalb weniger Tage zum Kreuzigungsruf. Da wird die wunderbare Brotvermehrung augenblicklich zum Ruf nach einem „Brötchengeber", zum Anlass, Jesus zum König zu machen, damit man es in seiner Gefolgschaft gut hat – einem Bestreben, dem sich Jesus im Johannesevangelium (6,15) entzieht, weil er sieht, dass Menschen ihn so in „ihre Gewalt" bringen möchten.

„Oh, wie eine wichtige Person ist doch der Priester! Gott gehorcht ihm! Er spricht zwei Worte, und unser Herr kommt auf seine Stimme vom Himmel herab und begibt sich in eine kleine Hostie." „Der Priester macht durch sein Wort aus einem Stück Brot Gott. Er tut da mehr, als wenn er eine Welt erschaffen würde." So lauten Aussprüche des hl. Pfarrer von Ars (in: *Sakramentales Leben*, vom Priester). Immerhin hatte Papst Benedikt XVI. am 16. März 2009 anlässlich des 150. Todesjahres des Pfarrers von Ars ein weltweites „Priesterjahr" verkündet. Nach wie vor wird der hl. Pfarrer von Ars als besonderes Vorbild für die Priester dargestellt.

Eine solche „Theologie", ein solches Priester- und Gottesdienstverständnis entspricht nicht nur dem Leben Jesu nicht;

es maßt sich an, Gott in der Hand zu haben. Und genau diese Anmaßung stößt Menschen ab. Sie suchen keinen Gott, der „Besitz" der Kirche, der in der Gewalt der Kirche wäre.

Mitunter beschleicht mich der Gedanke, dass Hanns Dieter Hüsch mit seinem Text, „Gott ist aus der Kirche ausgetreten" den Finger allzu berechtigt in die Wunde legt: Gottes „Leichtigkeit und vor allem Liebe, Hoffnung und Geduld, seine alte Krankheit, alle Menschen gleich zu lieben, seine Nachsicht, seine fassungslose Milde, seine gottverdammte Art und Weise alles zu verzeihen",[7] stören und entmachten.

Ich glaube, das Geheimnis Gottes entfaltet sich da, wo er nicht mit den ewig gleichen Sätzen „zugetextet" wird. Es entfaltet sich da, wo die Menge ihn nicht mit Kirchenschlagern zum Schweigen bringt. Es entfaltet sich da, wo Menschen zur Frage, zur Klage, zum Aus-sich-heraus-Kommen ermutigt werden und den Raum dafür haben. Einen Schutzraum.

Das ist unser Ziel des Gottesdienstes im kleinen Kreis: dass es mehr nach Gott schmeckt und nicht nach menschlicher Macht, die meint, über ihn verfügen zu können; dass hörbarer wird, wie sehr sich Gott im Leben einer jeden und eines jeden einzelnen Mitfeiernden ausdrückt.

Vielleicht ist die Zeit der großen Gottesdienste, der Massenveranstaltungen vorbei. Vielleicht haben wir dennoch viel zu lange darauf gesetzt und nicht wahrgenommen, dass wir zumindest genauso notwendig individuellere Zugänge brauchen, kleine Gemeinschaften, mit denen es schließlich schon einmal begann.

Es schmeckt nach mehr

Die Erinnerung an die Emmausgeschichte ist der rote Faden in diesem Buch. Diese großartige Erzählung der beiden Jünger benennt das Miteinanderreden und das Brotteilen als wichtige Elemente. Jede Feier zuhause, jede Feier in der Kirche lebt davon: Wort und Brot.

Mir hilft diese Geschichte, Erwachsenen wie Kindern die Weise zu erschließen, in der wir Eucharistie feiern – wobei das Miteinanderreden in unseren Gottesdiensten sehr ausbaufähig ist … Was wäre eine Feier, bei der nur gegessen und nicht gesprochen wird? Was wäre eine Feier, bei der nur gesprochen und nicht gegessen wird?

In einem Gespräch mit Eltern von Erstkommunionkindern ereignete sich etwas Großartiges. Wir hatten die Geschichte miteinander gelesen und kamen zu der Stelle, die erzählt, wie Jesus das Brot bricht. Ich sagte, um diese Szene etwas herunterzubrechen – auch daraufhin, wie man sie Kindern möglicherweise erschließen kann: Es ist ein Unterschied, ob ich mir ein Brot selbst zubereite oder ob es jemand anderes tut und sie oder er es mir reicht, ob ich selber zulange oder ob ich das Brot in die Hand gelegt bekomme.

Daraufhin erzählte ein Vater von seinem eigenen Vater, der morgens immer belegte Brote in einer Ledertasche mit zur Arbeit genommen hat und oftmals abends noch ein Brot (ich kenne dafür die Bezeichnung „Hasenbutter") wieder mit zurückbrachte, worauf er sich als Sohn gefreut habe. Dann sagte er: „Das Brot schmeckte etwas nach der Tasche, nach Leder – das schmecke ich heute noch."

Natürlich fiel mir sofort der brasilianische Theologe Leonardo Boff ein, der mit Hilfe einer Zigarettenkippe erklärte, was ein Sakrament ist. Leonardo Boff hat in München studiert. Eines Tages bekommt er einen Brief aus seiner Heimat mit der Nachricht, dass sein Vater plötzlich gestorben sei. Er entdeckt im Briefumschlag einen kleinen Zigarettenstummel, den Rest der letzten Zigarette, die der Vater geraucht hat. Leonardo Boff schreibt dazu:

„Von diesem Augenblick an ist der Zigarettenstummel kein einfacher Zigarettenstummel mehr. Denn er wurde zu einem Sakrament: (Er) lebt, spricht vom Leben und begleitet mein Leben. (…) Mein geistiges Auge sieht die väterliche Gestalt vor sich, wie sie (…) den Tabak rollt, das Feuerzeug anzündet, lang an der Zigarette zieht, (…) Zeitung liest bis tief in die Nacht hinein, im Büro arbeitet und dabei raucht (…) und raucht."[8]

Der Vater, der sich an das Brot, das nach Leder schmeckt, erinnert, hat uns an diesem Abend etwas Wesentliches erschlossen: die Bedeutsamkeit von Zeichen und dass Dinge, die man schmeckt, eine andere Präsenz in uns haben.

„Für Ihre Kinder wird es vermutlich nicht das Brot aus einer Ledertasche sein, das sich einprägt und mehr aussagt als das, was zu sagen möglich ist; aber es werden andere Zeichen sein, vielleicht welche, von denen Sie als Eltern nicht ahnen, was sie Ihren Kindern einmal bedeuten werden." So oder ähnlich versuchte ich, dieses Erlebnis aufzugreifen.

Jedes Mal, wenn ich die Emmausgeschichte lese oder höre, denke ich an die mir nicht bekannte Ledertasche. Ich denke daran, dass wir einander Zeichen schenken können, die über Jahrzehnte hin sprechen und Verbindung ausdrücken. Kirche ist für mich die große Schatzkammer solcher Erfahrungen, die deswegen weder die Ledertasche noch den Zigarettenstummel von Boff aufbewahren muss (das hat sie viel zu viel: Dinge aufbewahrt, die nicht mehr sprechen), die es aber versteht, neue Zeichen zu deuten und zu heben. Dazu spielt keine Rolle, ob jemand Frau oder Mann ist, binär oder nicht binär, heterosexuell oder homosexuell, klein oder groß, ausgetreten oder nicht ausgetreten, geweiht oder nicht geweiht. Das Miteinanderreden und Erzählen, das Sich-Vertrauen und Anvertrauen bilden die Grundlage, den Boden, auf dem Jesus unerkannt mitgeht und jedes Brotteilen zu etwas Besonderem macht, von dem wir sagen: Da war was. Da habe ich mehr geschmeckt als Brot. Da ist etwas in mir aufgebrochen.

Nachwort

Und dann hat sicherlich jede*r eigene Emmausgeschichten zu erzählen. Geschichten von Fragen und Enttäuschung, von Weggefährt*innen und Klage, von Anhalten und Austausch, von Augen, die nicht erkennen und von der Bitte, jene*r möge mit ins Haus kommen, jene Person, die oder der ernst nimmt, so wie der Unbekannte die beiden Jünger auf ihrem Weg sehr ernst genommen und sich für ihre Geschichte interessiert hat.

Eine der meinen erzähle ich derzeit so:

Ich mag Mariawald. Seit einiger Zeit bin ich mehrfach im Jahr dort. Die Abtei ist seit vielen Jahrhunderten ein Ort des Gebetes und der Gastlichkeit auf der Reise durch die Eifel. 2018 wurde das Kloster der Trappisten aufgelöst.

Ich mag die Abteikirche. Sie ist schlicht. Ich mag ihren Geruch, ihre Kühle, mitunter Kälte, ihre Klarheit. Ich sehe die beiden Seile und an ihnen die alten Mönche, die sie zu den Gebetseinheiten zogen. Ich sehe die großen Ablagen für die schweren Bücher, aus denen sie murmelten, beteten, sangen. Zum Schluss feierten sie im vorkonziliaren Ritus, nicht meine Art des Gottesdienst-Feierns. Aber für die Augenblicke, die ich in der Kirche war, dennoch faszinierend.

Ich nehme den Raum mit Gebeten und Gesängen gesättigt wahr, sehe die vielen Menschen, die im nahegelegenen einfachen Gasthaus einkehren und jeden Tag neben anderen Speisen immer Erbsensuppe (immerhin nun auch vegan) essen können. Das Einfache spricht und wirkt. Sie besuchen die Kirche. Dieser spirituelle Ort zieht nach wie vor Menschen an, auch wenn er geistlich seit 2018 „verwaist" ist und nun mit einem Priester aus dem Bistum Essen spirituell wieder belebt werden soll. Denn neben dem Riechen und Schmecken, dem Sehen und der Wanderschaft (durch den Wald oder den Kreuzweg hinauf) braucht es etwas zum Hören, zum Deuten und Vertiefen.

In meinen Tagträumen sehe ich mich dort mit einem oder zwei Kollegen. Dieser Ort ist in sich ein sprechender, ein geistlicher. Er braucht und verträgt nicht die Riesenkonzepte. Er könnte Menschen zum Kloster auf Zeit einladen, den vielen Besucherinnen und Besuchern stündliche Impulse in der Kirche mitgeben, er könnte weiterhin Seele und Leib zusammen bringen. Ein Ort zum Sein. In Ehrfurcht vor der Tradition und mit Blick darauf, was Menschen heute an diesem Ort neben Erbsensuppe und Trappistenbier noch mitnehmen könnten.

Ich bin gespannt, wie es dort weitergeht.

Meinen Bischof habe ich mich daraufhin nicht anzusprechen getraut. Aus drei Gründen nicht. Zum einen ist es ein anderes Bistum, und ich wollte nicht riskieren, dass es ein kurzes Gespräch geben würde, an dessen Ende Ja oder Nein steht. Ich wünsche mir einen Bischof, eine Bistumsleitung, die Ideen aufgreift, weiterentwickelt, mitdenkt, einen Prozess eingeht. Nicht von oben herab, sondern von unten herauf. Ich glaube, es gibt belebte Orte, die geistlich angereichert werden können oder auch irgendwie schon sind – und es muss anders weitergehen, sodass sie bleiben können. Sie müssen nicht künstlich geschaffen werden.

Der zweite Grund: Ich denke an das große Taufbecken, das wir mit Hilfe des Bistums in einer Kirche, wo ich Pfarrer bin, verwirklichen konnten. Ich sehe die Menschen dort. Ist das Gefühl vermessen, dass man auch Menschen im Stich lassen kann?

Oder ist ein solcher Gedanke eine „Priesterkrankheit", ein Sich-zu-wichtig-Nehmen? Niemand ist unersetzbar. Der eine macht es so, die andere so. Und irgendwann muss ich eh gehen, spätestens, wenn das entsprechende Alter da ist.

Oder, dritter Grund, auch eher eine Frage: Wäre es ein Fliehen vor dem immer grauer und immer schwerer werdenden Gemeindealltag? Und wäre es nicht eine unrealistische Sicht auf die spirituellen Orte und Zentren in der Annahme, hier kämen die suchenden Menschen von selbst? Und in den Gemeinden kann man es kaum jemandem recht machen, was vermutlich die meisten wissen, die beispielsweise in Erstkommunionvorbereitung stecken oder die Gemeinden mit weniger Personal in eine ungewisse Zukunft führen sollen, wobei sie der Dauerkritik ausgesetzt sind, dass die einen jemanden zu fortschrittlich, die anderen zu starr finden. Ist es denn schließlich überhaupt richtig anzunehmen, dass der Ort, wo man ist, der ist, wo Gott einen haben will? Ist es richtig, dass weniger das Wo und das Was entscheiden, sondern das Wie?

In den Wochen, in denen ich an diesem Buch schreibe, schreckt (mich) eine Nachricht auf: Andreas Sturm, Generalvikar in Speyer, wechselt in die alt-katholische Kirche. Ich teile die Betroffenheit vieler Menschen. Er schien Hoffnungsträger für Reformen in der Kirche zu sein, einer der Wenigen auf höherer Ebene, der fragt und bei dem Menschsein wahrnehmbar ist. Aber sofort setzen die Kommentare ein im Sinne von: „Der geht. Der lässt im Stich." Oder in seiner eigenen selbstkritischen Formulierung: „Die Ratten verlassen das sinkende Schiff." Ich denke mir, wie viele gehen, um innerlich zu bleiben, und wie viele bleiben und sind innerlich längst weggegangen?

Eine Welle der Entrüstung startet, als bekannt wird, dass für einen Monat nach seinem Amtsverzicht ein Buch mit Texten angekündigt wird, die er nach eigenen Angaben seit einiger Zeit tagebuchartig zunächst festgehalten hat. Hämische Kommentare. Bloße Vermarktung sei das. (Wer vermarktet sich eigentlich nicht als Priester, als Bischof bei pompösen Einzügen in die Kirchen, bei den permanent letzten Worten, sich versteckend hinter Lehramt, Kleidung und manchem Reden von Gott?) „Wer geht, hat kein Recht mehr zu kritisieren, seine Meinung zu äußern." – so der Tenor.

Jemand schlägt (ironisch?) vor, eine Bachelorarbeit mit der Aufgabenstellung zu vergeben, die seit 2020 erschienenen Priesterbücher zu beleuchten. Der Nächste sagt, man könne den Zeitraum auf 2017 ausweiten. Warum eigentlich nicht? Ich glaube, dass rote Linien erkennbar würden: Anfragen, Enttäuschungen, Ringen und Hoffnung. Warum das nicht wissenschaftlich ernsthaft aufarbeiten? Warum nicht endlich Konsequenzen für das Priesterbild der Gegenwart ziehen? Das ewige „man müsste" hinter sich lassen und zum Handeln kommen, die festgehaltenen Erfahrungen ernst nehmen.

Ich ringe weiter. Mit mir. Mit meinem Beruf. Mit Gott (oder mit dem Bild, das ich von Gott habe?). Mit den Menschen. Widergespiegelt zu bekommen, dass manche meiner Worte Menschen etwas geben und hilfreich sind, während andere darüber herfallen und mit meiner Art, Glauben zu verstehen und zu deuten, nichts anfangen können, zerreißt mich, macht nicht nur nachdenklich. Es nagt, es bohrt, ja, und es zieht herunter.

Ich schwanke zwischen Mariawald und Taufbecken, Menschen und Hoffnungen, Unglauben und Glauben. Es gibt nur den eigenen Weg, den persönlichen. Ihn zu gehen fällt schwer.

Ihn anzunehmen auch. Der Weg geht weiter. Mein Weg. Ihr Weg. Der Weg der Jünger damals nach dem Aufbruch von der abendlichen Einkehr im Haus in Emmaus. Wir bleiben nicht stehen. Aber unsere Hoffnungen brauchen ein Dach. Sie müssen geschützt und behütet werden, nicht eingemauert und zementiert, aber be-dacht, über-dacht. Sonst verbrennen sie oder trocknen aus. Regina Laudage-Kleeberg, bis 2022 Referentin für Organisationsentwicklung im Bistum Essen, hat in einem Gespräch in „Diesseits von Eden" auf WDR 5 am 03.07.2022 ebenfalls dieses Bild vom Dach gebraucht. Sie sagt von sich, sie sei „ein ganz furchtbar gläubiger Mensch. Wenn ich aber keinen Ort mehr finde, wo ich diesen Glauben so leben kann, dass er mit meinen politischen Einstellungen, mit meinen Überzeugungen von Gleichwertigkeit von Männern und Frauen, von queeren Menschen usw. zusammenpasst, dann bin ich obdachlos in diesem Glauben", dann habe ich „in der Gemeinschaft keinen Ort mehr, kein festes Zuhause, wo ich mich sicher und wohl fühle".

Augenscheinlich fühlen sich immer mehr Menschen von der Kirche unbedacht, nicht gesehen, nicht wahrgenommen, und damit verhält sich Kirche ganz anders als der, auf den sie sich so gerne beruft. Wir brauchen kein „Haus voll Glorie", wenn es schon einmal ein Stall getan hat. Wir brauchen einen wärmenden Ort, ein Dach, das alle überdacht, die Schutz und Halt suchen.

Wie sehr könnte es nach „mehr" schmecken ...

Endnoten

1 Steffen Zimmermann, Ein Tag mit einem Großstadtpfarrer. https://www.katholisch.de/artikel/32192-ein-tag-mit-einem-grossstadtpfarrer (Stand: 22.04.2022).

2 https://www.katholisch.de/artikel/33044-recollectio-haus-leiterin-auch-priester-koennen-in-sinnkrise-kommen (Stand: 03.05.2022).

3 Hubert Wolf, Zölibat. 16 Thesen, München 2019.

4 https://www.katholisch.de/artikel/33168-kirche-lebt-zu-lange-mit-luegen-ueber-homosexuelle-priester (Stand: 03.05.2022).

5 https://sciencev1.orf.at/news/112837.html (Stand: 04.05.2022).

6 https://www.tagesspiegel.de/meinung/causa-debatte/ein-zitat-und-seine-geschichte-ich-bin-schwul-und-das-ist-auch-gut-so/11568106.html (Stand: 04.05.2022).

7 Hanns Dieter Hüsch, Ich habe nichts mehr nachzutragen. Die christlichen Texte (Das literarische Werk, in der Edition Dia, Bd. 4).

8 Leonardo Boff, Kleine Sakramentenlehre, Düsseldorf 1976, S. 29f.